マンガでわかる

The Power of Habit
Break bad habits to renew yourself

「やめる」習慣

習慣化コンサルタント
古川武士 著
Takeshi Furukawa

みつく 作画
Mitsuku

日本実業出版社

はじめに

夜ふかし、食べすぎ、スマホ、深酒、タバコ、先延ばし……あなたがやめたい習慣はなんでしょうか？

悪い習慣は簡単に身につきますがやめるのは非常に難しいものです。新しく始める習慣に比べて、悪い習慣をやめる際に厄介なのは、「欲望との戦い」です。

「もっと食べたい」

「夜ふかししている時間が楽しい」

「飲んでいると嫌なことを忘れられる」

「タバコを吸うとリラックスできる」

理性でいくらやめようと思っても、欲望の前では簡単に心は挫けるものです。

また、人間の行動の40％は習慣でできていますが、その習慣の多くは無意識的に身につけたものが多く、それゆえに変えられないというジレンマもあります。

そこで、書籍『新しい自分に生まれ変わる「やめる」習慣』では、悪習慣を断ち切る方法をお伝えしました。おかげさまで姉妹本『30日で人生を変える「続ける」習慣』とともにロングセラーになっています。本書はこの『新しい自分に生まれ変わる「やめる」習慣』

をマンガ化したものです。

主人公、中垣結衣の悪循環になっている生活習慣と、「やめる」習慣を始めてからの変化を見ながら、悪い習慣を「やめる」コツをつかんでいただければと思います。悪い習慣は、連鎖反応的に増えていくものです。あなたがいま、何かを「やめたい」と思っているとしたら、1つではなく、多くの悪い習慣が累積している状態ではないでしょうか？

1つの悪い習慣をやめれば、悪循環の生活が止まります。感情の主導権を握れている感覚が湧いてきて、新しい自分に生まれ変われます。

あなたがやめたい習慣を手放す一助になれば幸いです。

習慣化コンサルタント　古川武士

マンガでわかる 「やめる」習慣

目 次

第3章

「習慣化」はなぜ難しいのか？
～「やめる」をやめたくなる理由～

第4章

やめる３原則と禁欲期
～「やめる」を実現する魔法の呪文～

第5章

必ず訪れる「無気力期」とは？

～こんなことして、何になるんだろう？～

第6章

ゴールまで、あと１歩

～油断しないで自分に厳しく！～

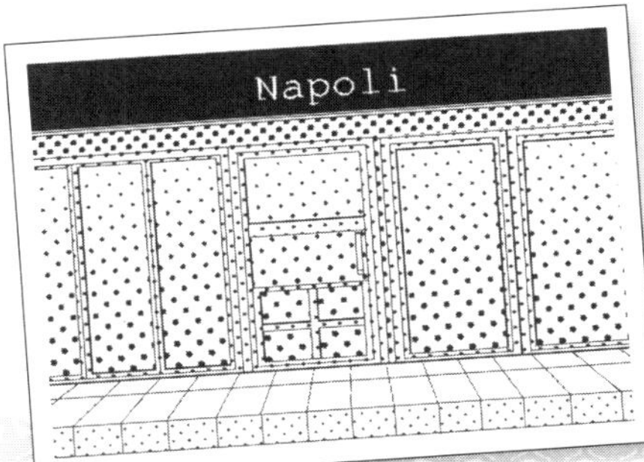

第7章

決別と始まり
～あなたの人生は、どんどんよくなる！～

カバーデザイン／ISSHIKI（戸塚みゆき）
編集協力／フリーハンド
本文ＤＴＰ／一企画

第1章

なぜ、「うまくいかない」のか？

～突然の別れ～

ここ
琢磨と2回目のデートで来た場所だよね
3年前かぁ懐かしいね〜
もうクリスマスイブ今年も終わりだね
中垣《なかがき》 結衣《ゆい》（28）
何かお食事のご注文は？
いえすぐに出るので大丈夫です
針村《はりむら》 琢磨《たくま》（32）

なぁ結衣
単刀直入に言うと
もう別れたいんだ
うそ…
なんで?
いやだよ…
同じ会社だし
嘘ついてもすぐ
ばれるだろうから
言うけど
俺 お前の後輩の
市川美怜と
つきあってるんだ
えっ 市川さんと?
私とつきあってるのに
ガタッ
ひどいよ!
悪いけど いまの結衣は
魅力的じゃない
俺は魅力的な
輝いている女と
つきあっていたいんだ

なんで？
太ったから？
お前 半年で
8キロ太ったんだぞ
それだけじゃない…
仕事でも
愚痴や不満ばかりで
嫌になってきたんだ
お前は
きれいになる努力も
仕事を頑張る努力も
していない
そんな向上心のない
女とつきあっていると
こっちの運気も下がる
ひどい…
ねぇ
痩せるし
もう愚痴を
聞いてくれなくても
いいから別れないで…
いや 俺の心は
決まっているから

私の気持ちはどうなるのよ！
知らないよ
ガタッ
自分の気持ちぐらい自分で整理しろよ
ぐすっ
じゃあ
俺明日早いから帰るよ
チェックで

翌日
「アーズサ-P-R-」営業部第一課
ねぇねぇ美怜ちゃん
はぁい
今日焼き肉食べにいかない？
いつもお世話になってるからお礼に4人で
えー本当ですか〜？
ありがとうございます〜
焼肉大好き♪
結衣の後輩
市川《いちかわ》 美怜《みれい》

じゃあ19時に
恵比寿の大山園で
大山園！
超名店じゃないですかー
嬉しい〜！
チラッ
でも
コソッ
私だけじゃなくて
中垣先輩も…
あれ以上食べたら
大変だよ
ひっどーい
先輩〜
クスクス
クスクス
だってさー
ガタッ

バタン
TOI
ポロッ
うっ…
ぐすっ
うぅ…

課長
ぐすっ
ぐすっ
中垣さんちょっと!

中垣さん
また間違っているよ！
これ！
何度も同じこと
やらないでよ
すみません
営業部の
成績の数値は
みんなが頑張った
証なんだよ
事務のミスで
その努力が
報われないのは
可哀想だ
すぐに直します
もういいよ
市川さーん
はーい 課長
なんでしょう？

今月の営業成績表なんだけど
今日中に作成してもらえないかなー
はーい
お安いご用です♡
ヨロシクね〜
はあ・・・
課
トボトボ

結衣
部屋が散らかりっぱなしよ
お母さん掃除したんだからね
結衣の母
涼子《りょうこ》
イラッ
もう！
勝手に入らないでよ
じゃあちゃんと掃除ぐらいしなさい
あと今月の生活費も入れてもらってないわよ

…ちょっと お給料日まで 待って
あなた 無駄遣いばっかり しているから 貯金もできないでしょ
ギュッ
…話って それだけ？
グイ
グイ
だったら
今日はもう ほっといて…！
バタン

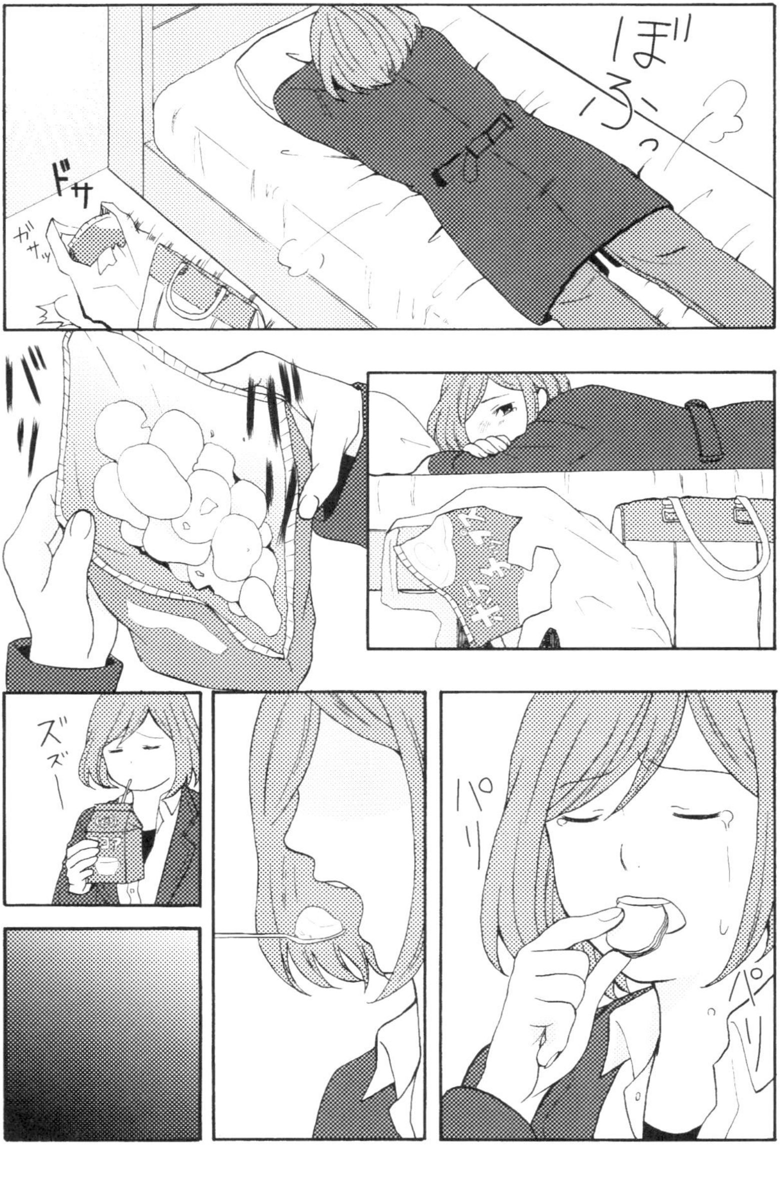
ぼふっ
ドサ
ガサッ
バリ
ズズー
パリ
パリ

ピピピッ
ピピピピ
ピピピッ
07:31
ピピピピッ
ピピピピッ
えっ
バッ
ヤバッ
遅刻する！
あた
ふた
本当
悪循環
もう嫌

ドン
ドン
ドン
結衣!!
今日も寝坊?
夜ふかしばっかりしているからよ
そんなしわしわのシャツ着て…
まったくアンタって子は・・・
もう時間ないの
あと30分
早く起きればいいのに
あんたは本当にダメね
そうだよ
ダメだよ…

でも変われないんだから仕方ないいじゃない！
私だってやめたいと思ってるよ！
でもやめられないいんだもの！

1-1

なぜ、悪い習慣はやめなければいけないのか？

悪い習慣は負の生活習慣をつくり出す

1．悪い習慣が生み出す悪循環

悪い習慣とは、長期的にあなたの人生にデメリットをもたらす習慣のことです。悪い習慣は連鎖して新たな悪い習慣を生み出し、生活リズムを崩していきます。

『マンガでわかる「やめる」習慣』の主人公・中垣《なかがき》結衣《ゆい》の場合は、ストレス、過食、愚痴、夜ふかしが悪い習慣として積み重なり、美容面・恋愛面・仕事面・自己評価面など、さまざまな面で悪い影響が広がっています。

ほかによくある悪循環をあげれば、ネットサーフィンのやりすぎというたった1つの悪い習慣が夜ふかしを招き、朝、寝不足で出社する。その結果、集中力が低くなって仕事が非効率的になり、長時間の残業を招き、夜食を2回もとることになって体重が増えていく、これが定着すると、負の生活習慣のできあがりです。つまり、たった1つの悪い習慣がドミノ倒しのようにどんどん別の悪い習慣を招き、悪い結果が増殖していくのです。

習慣は、私たちの意思・根性を使わず自動的に行動させるプログラムです。いってみれば人工知能がロボットを動かすプログラムを自然に覚えるように、脳は人間の習慣パターンを自然と覚えこむのです。

だからこそ、よい人生を送るにはよい習慣を増やせばいいのですが、多くの場合「やけ食いするとストレス発散になる」「夜ふかしすると解放感が味わえる」など、「悪い習慣」の一時的な快感に負けて、中長期的に見ると、どんどん人生に負債が溜まっていきます。

以上をふまえると、悪い習慣のデメリットは、次の5つにまとめられます。

①（生活習慣が乱れるので）健康を保てない
②（ダラダラ残業で）時間がムダになる
③（夜ふかしになり）生活リズムが悪くなる
④（悪い習慣が増えパフォーマンスが低下し）セルフイメージが低下する
⑤（負のスパイラルに陥って）幸福度が下がる

人生は習慣によってつくられます。習慣に振り回される人生と、習慣をコントロールする人生では幸福度は大きく変わってきます。そこで、心理面と行動面、2本立てでアプロ

多くの人がやめたい悪い習慣ランキング

第1位	先延ばし	面倒なこと・つらいこと・怒られること・はじめてのことなどをつい後回しにする傾向のことです
第2位	ネット・スマホ依存	やらなければならないことを後回しにしてパソコン、スマホでＳＮＳチェックなどをしていませんか？　2時間くらい家にスマホを置いて外出し、気になって仕方ないなら依存しています
第3位	食べすぎ	ダイエットは永遠の悩みですが、痩せるには摂取カロリーより消費カロリーが上回る生活を続けるしかありません。つまり、「食べすぎ」をどうやめるかが大事です
第4位	夜ふかし（寝不足）	テレビを見たり友達と電話をしたり、夜のリラックスタイムは必要ですが、度がすぎて翌朝寝不足になる苦痛からは解放されたい人が多いようです
第5位	ムダ遣い	ストレス解消のため、つい宣伝に乗せられて……誘惑は多いですが、衝動買いの後悔も多くの人に共通する悩みです

著者のメルマガ読者100名の回答による。複数回答可

ーチを体系化した、悪い習慣を「やめる」メソッドをご紹介します。この解説が、悪い習慣をリセットしてよい習慣を身につけるための一助となれば幸いです。

2．毎日の行動の40％以上は習慣

ちなみに私たちの行動の40％以上は習慣でできているといわれています。だからこそ、自分にとって悪い行動をやめ、よい行動を継続できるように自分の脳にプログラムする。これが私が提唱する「習慣化」メソッドの基本的な考え方です。

まずは自分の生活習慣を洗い出し、どの行動（プログラム）を排除するのかを考えていきましょう。

1-2

悪い習慣は悪循環で回っている

悪い習慣はなぜやめられないのか?

なぜ悪い習慣は手放しづらいのでしょうか? 3つの観点から論理的に説明します。

観点1 習慣引力の法則——脳は変化に抵抗し、現状を維持しようとする

人間の脳は、「いつも通り」と認定したものを、悪い習慣であっても必死に維持します。私はこれを「習慣引力の法則」と呼んでいます。つまり、あなたがいくら「やめなければならない」と思っても、脳がいつも通りのプログラムを維持しようと必死に頑張り、いつものセットポイントに引き戻されるから、悪い習慣はやめづらいのです。

観点2 意識と無意識のバランス——無意識に安全・安心・安定を守ろうとするから

脳には、自分で意識できる領域と意識できない領域（無意識）があります。無意識は、

高いところでは恐怖を感じて足がすくむというような、生命維持のための重要なプログラムが入っている領域です。

そして無意識のミッションは、現状を維持し、安全・安心・安定を守ることです。ですから無意識は変化を拒否し、反対に意識は成長のための変化を求めます。

このせめぎあいから「やめたいけど、やめられない」ジレンマが生まれます。この循環の中で悪い習慣をやめるには、無意識が「いつもどおり」と認識するまでやめ続けることが大切です。これが「やめる」習慣のメカニズムです。

観点3 欲望と理性の戦い——最初の3週間で欲望との戦いに勝利する

もう少し理解を深めるために、今度は欲望と理性の観点で説明してみます。

たとえば、寝る前には「早起きしよう」と固く決意しても、いざ翌朝になると「明日からにしよう」と挫折することは多いはずです。これは、欲望は理性よりも強いからです。

悪い習慣を断つには、欲望との戦いに勝利する必要があります。特に最初の3週間が重要な期間です。欲望にどのように打ち勝つかは、第2章以降で追って説明します。

「やめる習慣」を維持できれば好循環が生まれる

「やめる」習慣で1つずつ悪い習慣を手放すと、次のような、よい循環が生まれます。

まずは、結衣の例であれば「食べすぎない」という、自分で決めた行動を毎日守り続けます。最初の1、2週間で結果が出なかったとしても、とにかく行動に集中するのです。

そうすると自己制御感がわくので、人生の主導権を取り戻した手応えを感じられ、少しずつ自己肯定感が高まっていきます。

それにともなって食欲がコントロールできてきて、体重減少という結果もついてきます。

こうなると、「自分は変われるんだ！」と希望が湧いてきます。

この成長感、可能性を感じながら毎日を生活していると、自信が高まっているので仕事面でもよい影響が現れます。

そして、ダイエットが成功したら、早起きをする、ネットサーフィンをやめて本を読むなど、ほかの悪い習慣を「やめる」ことにもチャレンジできます。

こうして悪い習慣を1つずつ手放すと、最終的には輝いた自分がそこにいます。

1つ1つ地道に手放すと、自分の心理面や、周囲の人との関係の中で生まれる好循環が加速度的に広がります。幸運がやってきたり、能力が飛躍的に伸びる時期もあるでしょう。

せめぎあう意識と無意識

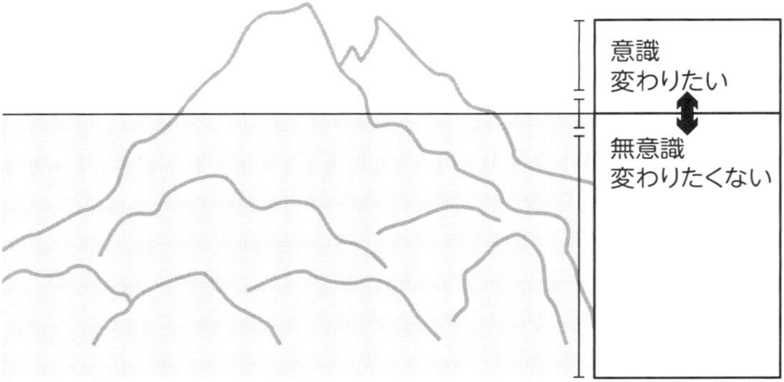

意識は変化を望み、無意識は現状維持を望んでいる

主な好循環の内容は次の通りです。

悪い習慣を手放すことで、

①生活の主導権を取り戻せる
②ほかの悪い習慣も「やめる」力がつく
③健康になる
④時間が生まれる
⑤仕事、私生活ともに充実する
⑥その結果、セルフイメージが高まる
⑦毎日が快適になっていく

実際に、私が習慣化コンサルティングを行なっているクライアントにも、①〜⑦のようなよい循環が起きています。読者の皆さんも本書のヒロイン・結衣は「やめる」習慣メソッドを元にどう変わっていくのかを楽しみに、続きをご覧ください。

第2章

「ダメな自分」を変える「やめる」習慣とは?

～ピッツェリア　ナポリでの出逢い～

Pizzeria Napoli
ピッツェリア ナポリ
――って いうことがあって
もう… 自分の性格が本当に嫌になっちゃうよ
そっか…
それは散々だったねー
結衣の幼なじみ
有名フランス菓子店のパティシエール
花園《はなぞの》 舞《まい》

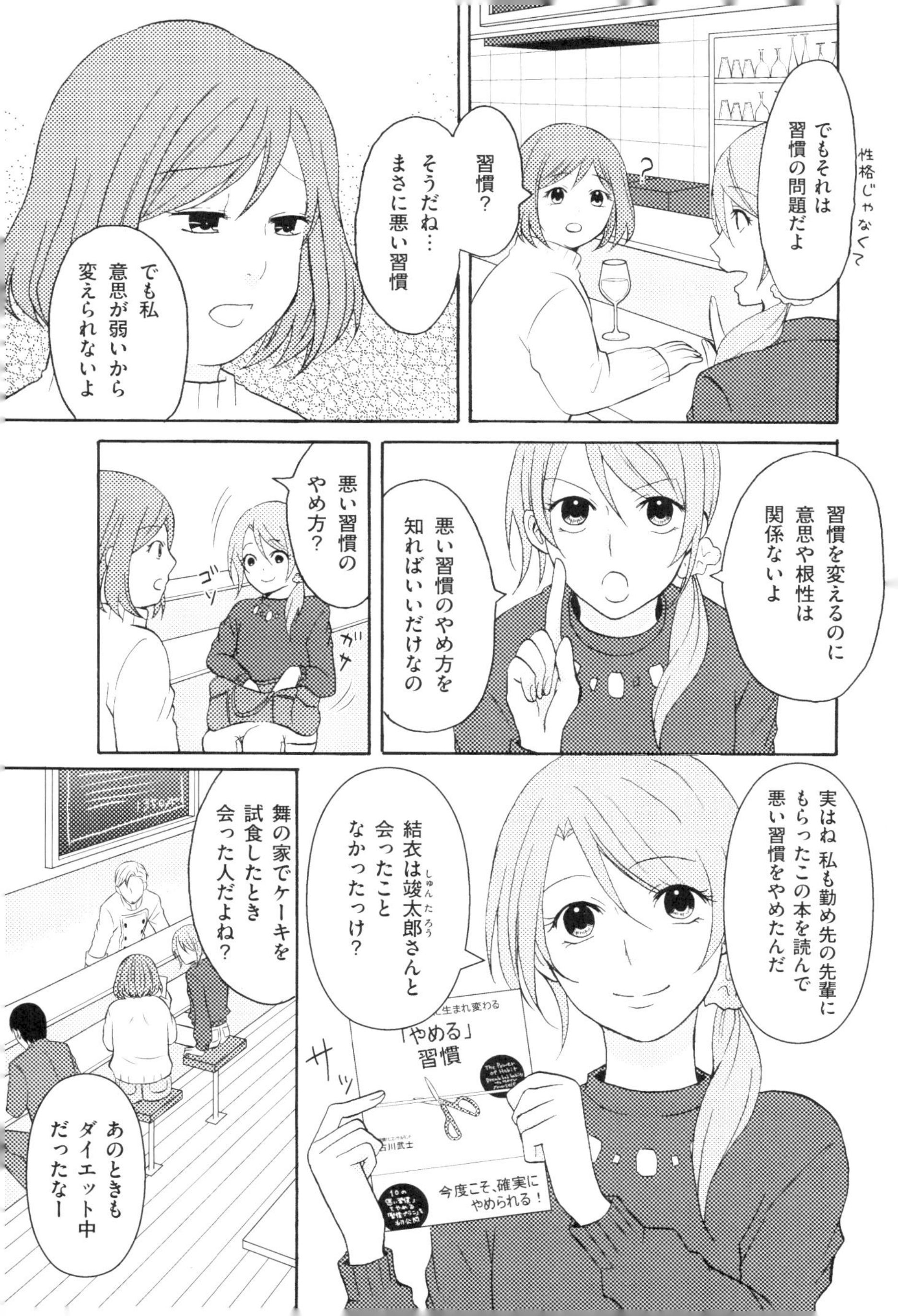
性格じゃなくて
でもそれは習慣の問題だよ
？
習慣？
そうだね…まさに悪い習慣
でも私意思が弱いから変えられないよ
習慣を変えるのに意思や根性は関係ないよ
悪い習慣のやめ方を知ればいいだけなの
悪い習慣のやめ方？
ゴソッ
ガサ
実はね 私も勤め先の先輩にもらったこの本を読んで悪い習慣をやめたんだ
結衣は竣《しゅん》太郎《たろう》さんと会ったことなかったっけ？
サッ
生まれ変わる
「やめる」習慣
古川武士
今度こそ、確実にやめられる！
舞の家でケーキを試食したとき会った人だよね？
あのときもダイエット中だったなー

アクアパッツァ（Acqua pazza）
水とトマトだけ、あるいは白ワインを加えたスープでタイやスズキ、アサリ、ムール貝、エビなどの魚介類をオリーブオイル、ニンニク、イタリアンパセリと共に煮こんだ南イタリアの郷土料理。

ポキ
夜型は身体に悪いんだよな
ゴキ
つねづね変えたいとは思ってて…
僕にも教えてよ
もちろんですよ甘井さん
へえ
「やめる」習慣ねえ
悪い習慣って誰でもありますもんね滝田さん
うるせー お前には負けるよ
ナポリの常連
フリーライター
滝田《たきた》友介《ゆうすけ》
ナポリの常連
会社員
秋島《あきしま》真一《しんいち》
まあみんな大なり小なり悪い習慣は持ってますからね
せっかくだから甘井さんのリクエストにお応えして
少しやり方を紹介しますね

コホンッ
じゃあ まず
皆さんの やめたい習慣って なんですか？
私はやっぱり
食べすぎ
やめたいねえ…
…先延ばしグセとかも 入るの？
嫌なことの 先延ばしは一番多い 悪い習慣って言います
僕は夜ふかし
ピコ
ピコ
私はスマホの 見すぎですね
山田さん 他35
いいね！
うーん 確かに 私もあるかも 先延ばしグセ…
私も 同じですね…

でも悪い習慣は
やめられないいん
だよね
食べたくなくても
落ち着かないから
つい食べちゃうし
わかります
私も独身リーマンなんで
夜家にひとりだと
さみしいですし
寝るまで暇だから
ついスマホばっか
見ちゃって
だよなー
俺も閉店して
23時すぎに家に帰ると
解放感があってつい明け方まで
夜ふかししちゃうんだよなあ
滝田さんも悪い習慣を
やめられない理由
あるんですか？
俺？
俺の場合
いろんな仕事が
いつもギリギリに
なるんだよな
細かいことは嫌いだし
締め切り直前に
ならないと
集中できないのかなー

なるほど
みんな一緒ですね
ちなみに悪い習慣が
やめられないのは
習慣引力のせい
なんです。つまり、
脳にはいつも通りの
現状を保とうとする
引力が働くからです
いつも通りを
保つ引力？
まあ 確かに毎日
夜ふかししている
気がする
えー？
私はいつも
「食べたい！」
なんて思って
ないんだけど…
変化
いつも通り
既存習慣
脳は一定以上
続けたことを
習慣化するの
だから
悪い習慣も
やめられない
つまり、食べたいと
思ってなくても
毎日たくさん食べてると
習慣化するんだって
じゃあ逆に
よい習慣を一定以上
続けるとそれも
習慣化するってこと？
シュボ
そうです！
なんと人間の
40％の行動は
習慣で
できていると
言われています

確かに平日の生活なんて変化ないですよね
同じ時間に会社に行って仕事して
帰りはコンビニ弁当を買って帰る
私もコンビニに寄ってついお菓子買っちゃうなー
あのパターンがよくないのはわかってるんだけど
へー
確かにそういう生活パターンって無意識に身についてるな
そうなんですよ脳は悪い習慣のパターンを「いつも通り」だと認識するんです
しかも
脳は現状を維持しようとする性質もあって
だから悪い習慣もやめられないんです

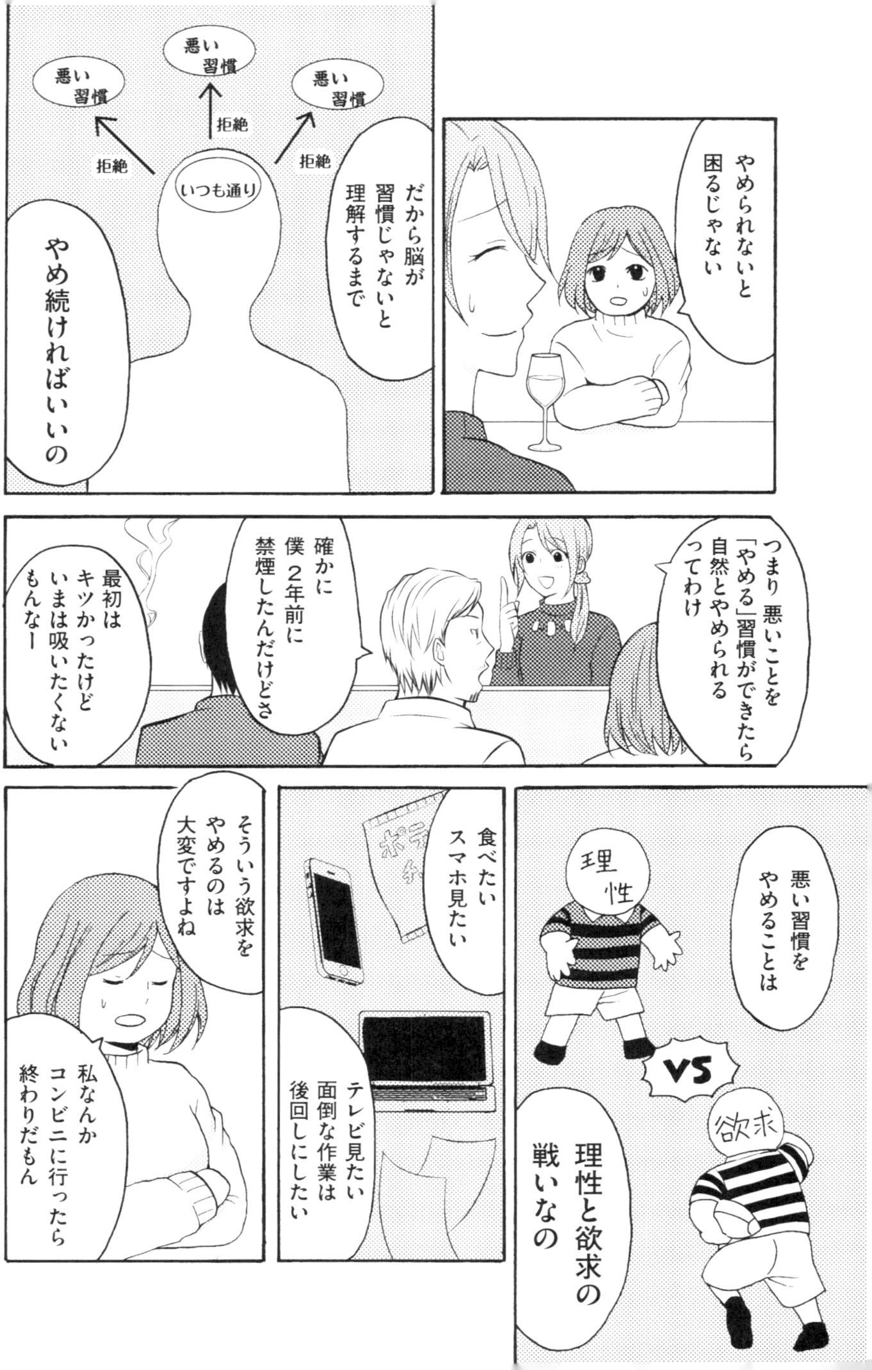
やめられないと困るじゃない
悪い習慣
悪い習慣
悪い習慣
拒絶
拒絶
拒絶
いつも通り
だから脳が習慣じゃないと理解するまで
やめ続ければいいの
つまり 悪いことを「やめる」習慣ができたら自然とやめられるってわけ
確かに僕 2年前に禁煙したんだけどさ
最初はキツかったけどいまは吸いたくないもんなー
悪い習慣をやめることは
理性
VS
欲求
理性と欲求の戦いなの
食べたい スマホ見たい
テレビ見たい 面倒な作業は後回しにしたい
そういう欲求をやめるのは大変ですよね
私なんかコンビニに行ったら終わりだもん

欲求が暴走し始めたら理性でとどめることは難しいよね
そっか 欲求に振り回されているんだ
そうです それに悪い習慣にもメリットがあるのがまた難しいんです
食べすぎにメリット?
うん 心理的なメリットかな
結衣の場合 きっと、間食がストレス解消になってるでしょ?
確かに
会社で上司に怒られたときほど食べているかも
僕もなー 夜ふかしって
自由な感じがして好きなんだよな…
わかる
仕事で疲れて帰ってすぐ寝たくないよな 夜ふかしすれば自由な時間ができて息抜きになるし

リラックスしたい
仕事からの解放感を
味わいたい
そんな欲求に
対するメリットが
夜ふかしにはあるんだね
先延ばしグセも
そうなんだろうな
俺はとにかく
嫌な現実を
見たくない
現実のプレッシャーから
目を背けたいんだよ
夏休みの宿題と
同じですね
そうそう
8月31日に
泣きながら
やるタイプ
…でもそんなの
やめたいとは
思ってるんだよ
結局あとで大きな
プレッシャーが
やってくるからな
脳にとって安全・安心・安定を
守るためには
ストレスからの
解放が必要なんです
なるほど　脳が
必要としてるのか

それが悪い習慣の心理的メリットですね
メリットがあることをやめるって難しいんじゃない？
それができるから「やめる」習慣なんですよ
悪い習慣をやめるためには一言で言うと行動をスイッチングするといいんです
どういうこと？
心理的なメリットを別の行動で満たすってこと…かな
たとえば お酒を飲みすぎでやめられない人が刺激がほしくて飲んでるとするでしょ？
だったらお酒をやめてガムを噛んだり
炭酸水に変えることで
BEER
Switching!
Sugarless GUM
天然水 Sparkling
刺激を得ながら悪い習慣行動を変えられるの

ね？
「お酒を飲む」から「ガムを噛む」に行動をスイッチングできてるでしょ？
そうすると欲求が暴走する度合いを抑えられるってことですね
タバコやめたとき体重増えたけど
一口チョコ
ストレス解消の方法が〝食〟に変わったってことか
欲求のはけ口が無くなったので
脳が無意識に食べることにスイッチングしてるんですね
なるほどそのスイッチングを意識的にやるのね
そう！
みんなの悪い習慣だとどんなスイッチングができますか？
うーん

うーん… 僕の場合
スマホを見てると寂しくも暇でもなくなる
つまり心理メリットは「刺激」ですよね…
ゴッドファーザー
The Godfather
だったらスイッチング行動は名作映画を見るのはどうでしょう？
暇をなくして寂しい気分を変えられそう
夜ふかしの心理メリットは「解放感」
じゃあスイッチング行動は15分のストレッチとか？
だよね？ ストレッチしたら寝るぞって習慣づけられそうだし
眠りに入る儀式という意味でもよさそうです
俺の場合なんだろうなー 事務作業は面倒臭いから先延ばしにするわけで
心理メリットは「ゆとり」かな
ToDo List
スイッチング行動は毎日1個ずつやる…かなあ
たまると面倒だけど毎日1個ずつならできるかも

まあそれが
難しいんだけど…
結衣はどう？
私の場合…
食べることの
心理メリットは
「リラックス」
なんだよね
POPCORN
だから
スイッチング行動は
ヨガとか？
半身浴もいいかなあ？
いろいろ試してみて
しっくり来るものに
するといいよ
スイッチング行動は
いくつあっても
いいから
カラン
いらっしゃいませ
ちょっと
失礼するね

俺もそろそろいかないと
ガタッ
約束があったんだ
あっもうこんな時間か
カラン
カラン
じゃあ続きはまた今度聞かせてくださいね
ガヤ
ガヤ
ガヤ
はい
おまちどおさま
はーい
すいませーん
ガヤ
店長忙しそうだね
みんなと話してて気づいたんだけど私悪い習慣だらけかも
夜ふかしも先延ばしもスマホも、みんなの悪い習慣が全部当てはまるの
本当ダメそりゃ彼氏にも振られるよね
じわっ
結衣…

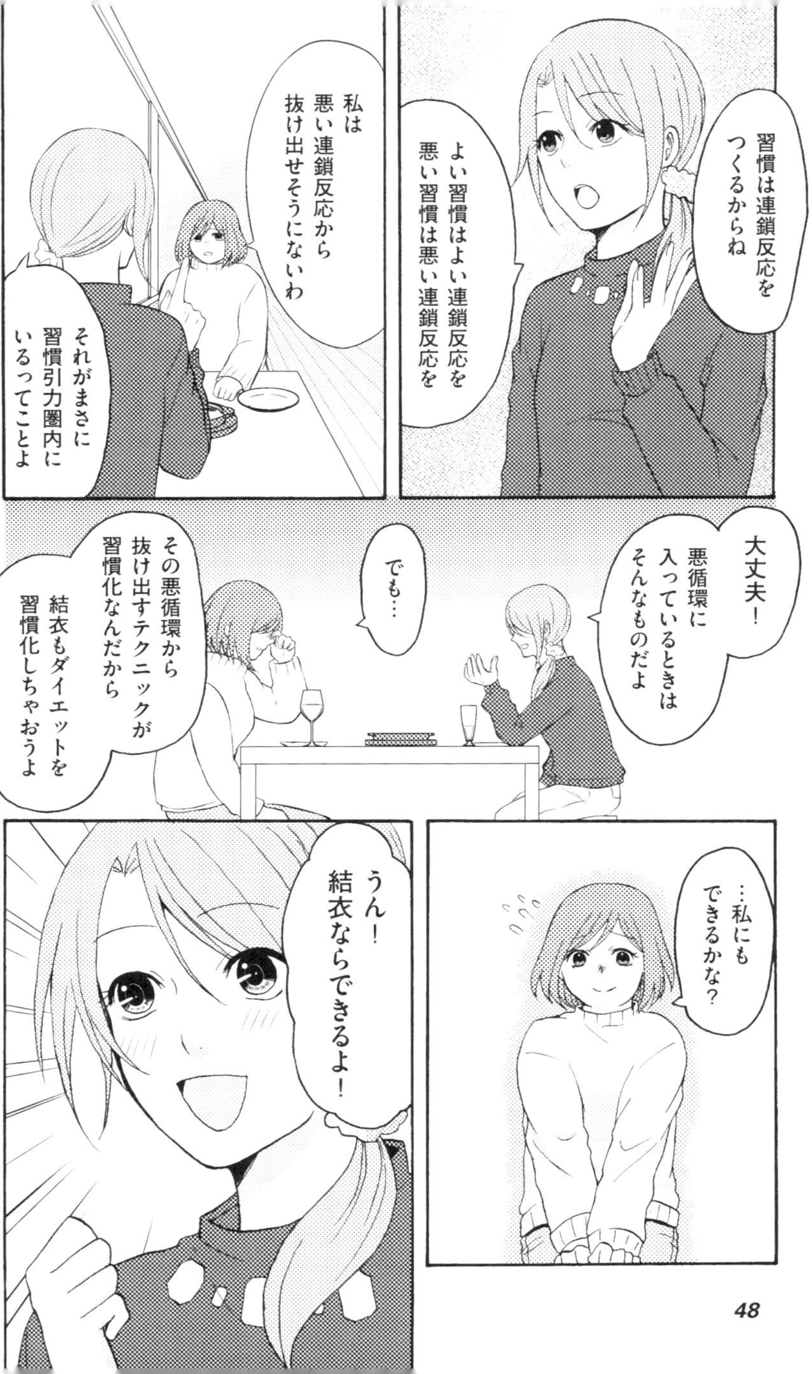
習慣は連鎖反応をつくるからね
よい習慣はよい連鎖反応を悪い習慣は悪い連鎖反応を
私は悪い連鎖反応から抜け出せそうにないわ
それがまさに習慣引力圏内にいるってことよ
大丈夫！
悪循環に入っているときはそんなものだよ
でも…
その悪循環から抜け出すテクニックが習慣化なんだから
結衣もダイエットを習慣化しちゃおうよ
…私にもできるかな？
うん！
結衣ならできるよ！

あのね
習慣化には
3つの分類があるの
行動習慣
身体習慣
思考習慣
行動習慣
身体習慣
思考習慣
ダイエットは
身体習慣
習慣化のめやすとしては
3カ月くらいと
言われてるの
3カ月で？
3カ月か…
あーなんか
やる気
出てきたかも！
ガタッ
…って
あっ！
舞ごめん
終電の時間が
ヤバイ
ヤバイ
これお金
早速スイッチング
やってみるね！
じゃあ！

カラン
あー結衣…
行っちゃった
まだ大事なこと
話せてないいん
だけどなあ
アハハ
結衣ちゃんは
相変わらずだね
ダイエット
成功するといいけど

2-1

あなたのやめるべき習慣とは？

その習慣をやめるべきかどうかを判断する「5つの質問」

悪い習慣を「やめる」には、習慣引力に打ち勝つための心のエネルギーが必要です。なんとなく「やめたい」では欲望に負けてしまいます。次の5つの質問で、その習慣を本当にやめるべきか自分に問いかけてみてください（例として、結衣の回答を示します）。

質問1　なぜその習慣をやめたいのですか？

例）彼氏に振られたから。醜い自分、だらしない自分と決別したいから。

質問2　その習慣を放置するとどのような問題がありますか？

例）彼氏ができない。職場でもバカにされる。自己嫌悪感が強烈にわいてくる。

質問3 その習慣をやめるとどんな副作用が出そうですか？

例）むしゃくしゃしたときの憂さ晴らしの方法がわからない。ストレスが溜まる。

質問4 それでもあなたはその習慣を本当にやめたいですか？

例）はい、この悪循環から抜け出したいです。

質問5 やめることで将来どのような効果がありますか？

例）理想の彼氏と出会えるかもしれない。体が軽くなって、仕事の効率もよくなりそう。

このように自問自答して、その習慣が悪い習慣かどうかは、自分で決めます。自分にとってデメリットが大きい習慣は手放すことが必要ですが、その習慣で精神的なバランスを保てるなど、メリットも大きいのなら、いますぐ手放す必要はありません。

「やめる」習慣は3つに分類できる

「やめる」習慣は、次の3つに分類できます。

やめたい習慣の３分類

レベル1 行動習慣
●期間：１カ月
・ネットサーフィン、ムダ遣い、先延ばしなど

レベル2 身体習慣
●期間：３カ月
・夜ふかし、食べすぎ、飲みすぎ、タバコなど

レベル3 思考習慣
●期間：６カ月
・イライラ、クヨクヨ、完璧主義など

やめたい習慣は、期間によって３つに分類できる

レベル1　行動習慣

ネットサーフィン、ムダ遣い、先延ばしなど、行動に関わる習慣です。「やめる」習慣メソッドを使えば、１カ月で手放すことができます。

レベル2　身体習慣

夜ふかし、食べすぎ、飲みすぎ、タバコなど、身体リズムやホルモンが関わる習慣です。３カ月の期間が必要です。

レベル3　思考習慣

イライラ、クヨクヨ、完璧主義など、思考に関わる習慣です。６カ月の期間が必要です。思考は行動や感情を左右するもので、生存により強く影響する習慣だからです。

2-2

「やめる」習慣を可能にするロードマップとスイッチング

悪い習慣を「やめる」には、正しいロードマップを把握しよう

悪い習慣を「やめる」には、ロードマップを正しく理解し、その流れに沿って進むことが大切です。ロードマップは次の4つのフェーズから成立しています。

身体習慣（3カ月）のロードマップを目安にご紹介します。

フェーズ1　禁欲期（第1週〜第3週）

禁欲期はとにかくやめるのが大変で誘惑に負けそうになり、理性で欲望をコントロールしづらい時期です。

フェーズ2　無気力期（第4週〜第7週）

無気力期は気がゆるみがちになり、やめる意味や意欲に波が出てくる時期です。

フェーズ3　安定期（第8週〜第10週）

習慣化が軌道に乗った感覚がある時期ですが、実際には、脳はまだ「いつも通り」だと認めていません。

フェーズ4　倦怠期（第11週〜第13週）

倦怠期は、最後の難関「マンネリ化」との戦いの時期です。

※行動習慣の場合は、禁欲期を（第1週）、無気力期を（第2〜3週）、倦怠期を（第4週）として全部で1カ月、と捉えてください。1カ月サイクルの場合、安定期を考える必要はありません。

「悪い習慣」をやめるには、スイッチングが効果的

悪い習慣がやめられない理由の1つは、その習慣で満たしている欲求があり、一定の心理的メリットを得ているからです。

だからこそ、たとえば、喫煙からガムを噛む行為に代替（スイッチング）すると、欲望との戦いが楽になります。スイッチングするには、大きく3つのステップがあります。

やめる習慣のロードマップ（身体習慣）

	禁欲期	無気力期	安定期	倦怠期
期間	第１週〜第３週	第４週〜第７週	第８週〜第10週	第11週〜第13週
症状	とにかくつらい	どうでもよくなる	快適になる	マンネリ化する
方針	「山あり谷あり」を乗りきる	成功パターンをつくる	実行率を高める	変化をつける
対策	①誘惑を絶つ環境をつくる ②行動を見える化する ③投げやりに上限をつくる	①必勝パターンを決める ②例外ルールをつくる ③モチベーションを高める	①行動を振り返る ②徹底的にやめきる	①刺激を取り入れる ②次の習慣を計画する

ステップ1　心理的メリットを明確にする

悪い習慣の心理的メリットを書き出します。次の３つの質問に答える形で考えましょう。

【質問①】いつその習慣行動をやってしまいますか

【質問②】その習慣行動の直後、どんな気持ちになりますか

【質問③】その習慣行動で満たせる欲求はなんですか

ステップ2　スイッチング行動を考える

タバコをやめたいなら、刺激の強いガムに替えてみるなど、いろいろ試すと効果的なものが見つかります。

ステップ3　スイッチング行動を検証する

スイッチング行動が合っているかは、「気持ちいい」「楽しい」など、「感情」で判断します。いくつか組み合わせるのもおすすめです。

第3章

「習慣化」はなぜ難しいのか？

～「やめる」をやめたくなる理由～

スイッチングって
舞が言ってたよね
間食したくなったら ガムとか酢こんぶで 我慢して
ジュースの代わりに 炭酸水を 飲めばいいよね
いくつあっても いいから ヨガもやるぞ!
で スマホをやめて 本を読んで 夜ふかしもやめて
天然水 Sparkling
Sugarless GUM
はじめてのヨガ
面倒な事務処理は 1個ずつやれば…
これで今度こそ 悪い連鎖反応を 断ちきれる!
1日目

ぐぅ…
ガサッ
もぐもぐもぐ
酢こんぶ
ふぅ
3日目
もぐもぐ
今日の打ち合わせは…
うーん

炭酸水と酢こんぶで
3日目か…
一応今日も
体重測ってみるか
あ
落ちてる！
1キロ！
体重減ってる！
スイッチング効果
出てるじゃん！
これなら今度こそ
ダイエット成功
できる！
よーし
この調子で
頑張ろ！
4日目
そろそろ
社員食堂も
すいてきた頃だし
お昼にしよっと

かけうどん
ちゅるんっ
おい、ココ食堂だぞ
美怜もうお腹いっぱ～い
だからほら、あ～ん
美怜
針村さんに告白されたらしいよ
つきあってるんだって
針村さんって彼女いなかったっけ？
別れたみたい
なんか同期が言ってたんだけど
彼女どんどん太ってブサイクになってきたから
もう嫌になったとか言ったんだって
ちょっとひどいよねー

ダンッ
あ
やば
スッ
カッ
カッ
ねぇ
シッ
悔しい!!
悔しい
悔しい!!
こんな屈辱に負けたくない!!今度こそ絶対に痩せて見返してやる!!
その夜
うーん…
体重減らないな

これじゃダメね
もっと本格的に
計画を立てなくちゃ
ダイエット計画！
1. 朝はリンゴ1つ
2. 昼はサラダとサンドイッチ
3. 夜は豆腐ダイエット
カチッ
毎日
5キロ走る!!
これなら
痩せるでしょ
よし
これで
再スタートだ！
数日後
ぐぉるるる…
ゴロン
ぐぅううう
ぐうう～～
ゴゴゴ…
きゅるるる～

バコン
小腹を満たすだけだし
ちょっとだけ
とろけるプリン
今日は定時で上がれた♪ラッキー!!
もしもしえっ?
三ツ星ホテルのケーキバイキング!?
どうしよう…
でも友達つきあいも大事だし…
行く行く!

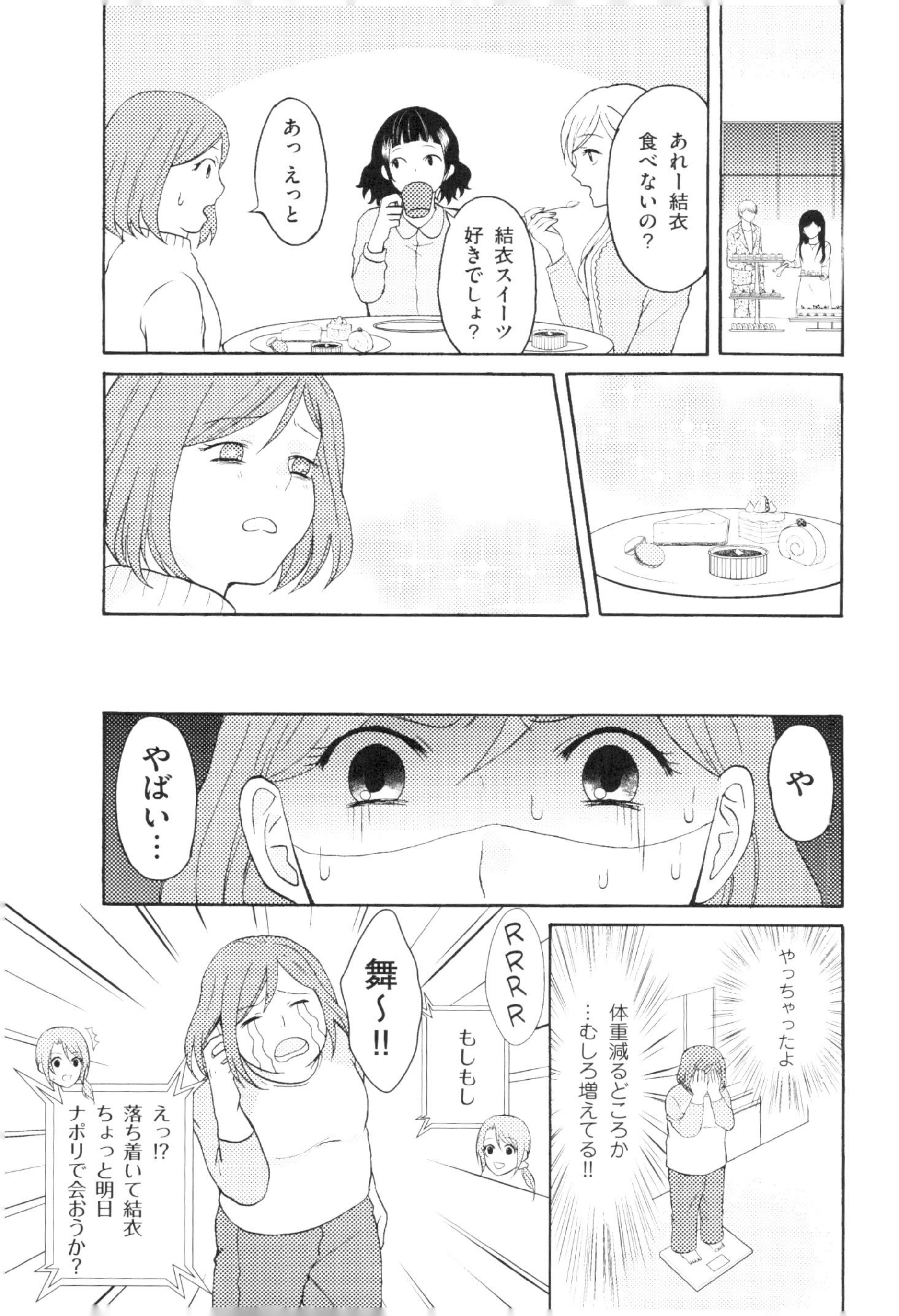
あれー結衣
食べないの？
結衣スイーツ
好きでしょ？
あっ えっと
や
やばい…
やっちゃったよ
体重減るどころか
…むしろ増えてる!!
RRRR
もしもし
舞〜!!
えっ!?
落ち着いて結衣
ちょっと明日
ナポリで会おうか？

もう
ダメだ～
まぁまぁ
これ食べて
元気出しな
コトッ
ナポリ風
特製ナポリタン！
店長～
もう
私なんて…
ううっ
体重減るどころか
微増したもん…
でも
食べる手が
止まらない…
俺も
1個ずつやるなんて
夢のまた夢でさ
そこまで
落ちこむことないよ
そもそもそれが
できるなら
最初からできてるってね
もう
堂々巡りさ
滝田も？

いやー僕も うまくスイッチング できなかったよ 3日目までは 目標にした6時に 起きられたけど
4日目からは眠くて 結局寝るのが2時3時で 今日は9時起き すっかり夜型に 戻ったよ
私も1日目は 我慢できたけど 2日目からは スマホ見ちゃいました
フェイスブック とか
返信しないと いけないものも 多いし…
コメントが
でも返信すると コメントがついて チェックする時間が 余計に増えちゃって…
みんな最初だけは うまくいってたん だよな？
一度はスイッチング できた でもすぐ戻っちまう…
どうして でしょうね？

ブラザート・アル・バローロ（Brasato al Barolo）
ブラザート（別名ブラザーティ）はとろ火で煮込んだ牛肉料理のこと。バローロはピエモンテ州でつくられているワインで、「バローロで風味づけした牛肉煮込み」という意味の料理名。

…で？
なんで俺たちはいきなり失敗してるわけ？
ごめんなさい実は習慣化を達成するには
いくつか事前に必要なことがあるんです
ひとつは**骨太の理由**をつくること！
もうひとつは**やめる3原則**を守ること！

しーん
あ、
えーと…
骨太？
骨太ってなんだい？
悪い習慣をやめる明確で強力な理由のことです
悪い習慣をやめようとするのは欲求と理性との戦いというのは前にお話ししましたよね
WIN
欲求
理性
LOSE
だから理性の力を強くしてあげないと欲求に負けてしまうんです
わかる！
だって痩せたいけど食べちゃうんだもん…!!
よしよし
だよなあすぐやめられたら苦労はしないよな？
だからこそ骨太の理由をつくっておくの

たとえば「このままお酒を飲み続けると死にますよ」と言われたらやめるでしょ?
みんなに宣言して追いこまれるしかないな
あと「これができて嬉しい」みたいな快感とか
あー
早起きできた日は気持ちいいよだから続けたいんだよな
そういう**骨太の理由**をつくっておくと
モチベーションを保てるんですって
じゃあ私だったら彼を見返したいだけじゃなくて
もっと素敵な自分になると決めたほうがいい?
うん危機感だけじゃなくて
そういう期待感も持つとより強力な**骨太の理由**になると言われてるわ
骨太の理由
期待感
快感
危機感

みんな骨太の理由や3つの原則を
知らずに始めたから
見事に失敗しちゃったんですよ
3つの原則？
骨太の理由以外にもあるのか…？
じゃあ今日はじっくり
聞かせてもらおうか
その前に俺ビールおかわり
仕方ないやつだなぁ
私…ちゃんと変われるのかな？
結衣大丈夫だからね

3-1

骨太の理由があれば「やめ続ける」ことができる！

モチベーションを保つ骨太の理由とは？

「なんのために」悪い習慣をやめたいのかが強力なら、目先の誘惑を乗りきりやすくなります。この「なんのために」こそが骨太の理由です。骨太の理由は「危機感、快感、期待感」をキーワードにして考えると、見つけやすくなります。

骨太の理由1 ――危機感

「危機感」とは、「この習慣をやめないときに起こる悪いこと」です。たとえば、その習慣で自分の健康が阻害されることや、それにより悲しむ人のことを考えるといいでしょう。また、宣言したから、お金を払ったからと自分を追いこむのも危機感です。

骨太の理由の３つのキーワード

① 危機感（悪いこと）	② 快感（短期的メリット）	③ 期待感（長期的メリット）
このままではまずい！	嬉しいことがたくさん！	将来、大きなリターンがある！

骨太の理由2 ——快感

「快感」とは、「この習慣をやめれば起こるいいこと」＝短期的に得られるメリットです。夜ふかしをやめると睡眠時間が増え、快適な1日を送れる、というようなものです。

骨太の理由3 ——期待感

「期待感」は、長期的に得られるメリットです。やめ続けることでどんな効果があるか、仕事、人間関係、健康、家族への影響など、多方面に長期的に広げて考えていくといいでしょう。

このように3つのキーワードから骨太の理由を見つけてください。危機感、快感、期待感が調和するとき、モチベーションは最大化します。1＋1＋1が3以上になることを意識して、骨太の理由を考えましょう。

第4章

やめる3原則と禁欲期

~「やめる」を実現する魔法の呪文~

でも仕事に差しさわるから先延ばしグセを直したいのは十分骨太な理由だろ？
だけどできなかったんだよなぁ
具体的なやり方がわかんないんですよね？
そうだな
やめるには3原則を守ることが必要なんです
①1度に1つの習慣に取り組む
②センターピンとボトルネックを明確にする
③目標ではなくプロセスに集中する
の３つなんですけど
まず①1度に1つの習慣に取り組むはすごく大事で
食べすぎ
夜ふかし
先延ばし
人って同時にいくつもの習慣を変えるのは難しいんです

サーーッ
頼れる先輩になれる
10の法則
これでもう頼りないなんて言わせない
私
どうせなら一気にいろいろやめようと思って
ダイエットとスマホに読書夜ふかしにストレッチって…
全部やろうとして全部できてない…
実は、俺も先延ばしと煙草と酒を同時にやめようとしてたんだよなあ…
3つだと習慣引力も3倍かかってしまうから習慣化は1つずつが鉄則なんです
確かに
こんな生活もう無理と思って挫折したんだよなあ引力が強すぎたんだな
はい 1つずつ順番に扱ったほうがいいんです
1カ月
3カ月
3カ月
滝田さんだと先延ばしが1カ月禁煙3カ月
禁酒3カ月で7カ月後にはすべてやめられる計算になるでしょ?
急がば回れかなるほどな…
でも僕は夜ふかししかやめようとしてないけどなあ

えっと
そのときもコツがあって
……
？
え––っと
そうそう！
②センターピンとボトルネックを明確にするんですよ！
センターピン？
うん
ボウリングって真ん中のピンを倒せばすべて倒れるじゃない？
うん
悪い習慣ってドミノ倒しのように悪循環が起きている状態なんだって
それを好循環にするためにはポイントになる行動を絞ることが重要なの
ポイントになる行動って何？
結衣はどんなときに食べすぎちゃう？
朝？ 昼？ 夜？ 間食？ 飲み会の日？ ストレスを感じたときとか
そこに食べすぎのキッカケとなるものがあると思うの

…やっぱり仕事中…かな
集中力がないから間食しちゃう
あと上司に怒られたときには、つい家でポテチを食べちゃう
食べ方に違いはあっても
間食
つくり出す行動パターンは決まってると思わない？
結衣の場合はセンターピンは間食だよね？
そっか！ストレス→間食→カロリーオーバーする…
がパターンになってるんだ
ってことは俺のセンターピンは…寝る時間かな？
6時に起きたきゃ遅くても24時には寝ないと
いけないってことかどうしても3時 4時まで起きてるんだよなあ
ん――…

ちょっと わかりにくいなぁ… 私の「スマホ中毒から解放されたい」というような悩みの場合は「家に帰ったら見ない」と決めることですか？
え？
でもそれで見ないでいられるほど意思が強くないから挫折するんじゃねえの？
手にもってしまうとガマンできなくて…
映画は1本が長いし、ついスマホ見ちゃって
そういうときは「〜をする」と具体的な行動を決めたほうが実行しやすいはずです
「〜をしない」という行動はないでしょ？
だからスマホの代わりに「する行動」を決めるといいんですって
じゃあ映画を見るほど時間がないときは、
小説を読みます！たくさん積ん読になっているから
あぁ それだとできそうだな
俺の先延ばしグセもセンターピンが
わかりづらいんだよなあ

そういえば滝田さんって仕事なんでしたっけ？
え？いまさら？
なんで先延ばしグセを直したいんですか？
確か仕事でもなんでも先延ばしにするって言ってましたよね？
いや俺フリーランスのライターなのよ
取材とかして記事にするんだけど締め切りギリギリになりがちで…
どうしてギリギリになるんですか？
どうしてだろうね
まあ…あれかな
フリーランスだと自分でコントロールしないと仕事ってどんどん溜まるんだよね
で溜まれば溜まるほど
さらに面倒になる…と？
そういうことだな
じゃあチャンクダウンとベビーステップが使えるかも…
チャンクダウンとベビーステップ？

チャンクダウンは小さく分解するってことなんです
記事作成
構成
書き出し
取材
滝田さんの『仕事』ってたぶんいろんなことの集合体ですよね？
まあ取材してその取材音声を文字に書き起こして
さらにそれをテーマに沿って構成しなおして
いま言っただけでも3つの作業を同時にやろうとしてるわけですよね？
ほんとはもっとあるでしょう？しかも依頼が来た順に片づけてる
まあそうだな
月
火
水
そんなときそれぞれの作業を切り分けて小さくすると作業ごとに対策できます
たとえば毎週月曜日は取材に行って火曜日は文字を書き起こす日水曜日は構成というふうに
かたまり《チャンク》になっているものを小さく《ダウン》するから
チャンクダウンか
確かに…作業を小さくすると
一歩踏み出しやすいな

そうそう
それで小さくしたものに まずは小さく 手をつけるんです 赤ちゃんの一歩 つまり ベビーステップですね
おぉーーっ！
まあじゃあ あれかな
俺の場合は 小さく分けて 5分でできることを 決めるか？
いいですね 私が見てても 滝田さんは自由だなって 思ってましたもん もう少し計画的に できないものかって
お前は うるさいよ
コツはここでも 最初から全部変えようと しないってことかな 1つか2つのセンターピンを 設定して集中すると 嫌な気持ちから解放されるんです
私だったら まずはストレスからの 買い食いに気をつけるとか
センターピンに 集中すれば いいんだね

あとね ボトルネックっていうのは やめる習慣を阻む 障害のことなの
これも習慣化には 大事なんだって
障害？
そう 結衣のダイエットの 障害って何？
追加のパスタ でーす
①コンビニに寄る ②友だちからの スイーツの誘い だよね？
確かに……
典型的な やけ食いだな
グサッ
うっ
あと結衣ちゃん 友だちと来ると よく食うよな
グサッ
うん
ごちそうを見ると 欲求が暴走するんだよね
その自分の欲求が 暴走するパターンを 探ることが大切なの
ボトルネックは センターピンへの 集中を妨げるもの
暴走の原因だから それをハッキリ させておくと 気をつけられるでしょ

最後に
原則の３つ目は
③目標ではなく
プロセスに集中する
ことです
なるほどなぁ
私 8キロ
落とすって目標を
決めたんだけど
ダメってこと？
結衣が決めたのは
「目標」だよね
目標と習慣化は違うの
目標
習慣
目標は達成すると
終わりだけど
習慣化は継続が
大事なの
つまりプロセスを
徹底するのが
習慣化ってこと？
そっか確かに…
リバウンドするのも
目標を達成
したからって
習慣…
ダイエットのプロセスを
やめちゃうから
だもんね

そうそう
だからダイエットの習慣を身体に覚えさせるプロセスに集中することが大切なの
私 目標を達成したくて摂取カロリーを1000キロカロリーに制限したけど
結局やけ食いして戻ったんだよね…
無理な習慣は身体が覚えないってことか…1日1500キロカロリーにしようかな?
習慣化する行動が決まれば あとは続けることに集中するだけだよ
そんなわけでやめる3原則をおさえれば悪い習慣を上手にやめることができるはずなの
だからもう1回やってみて? 結衣
よーしやってみるね!
頑張る!

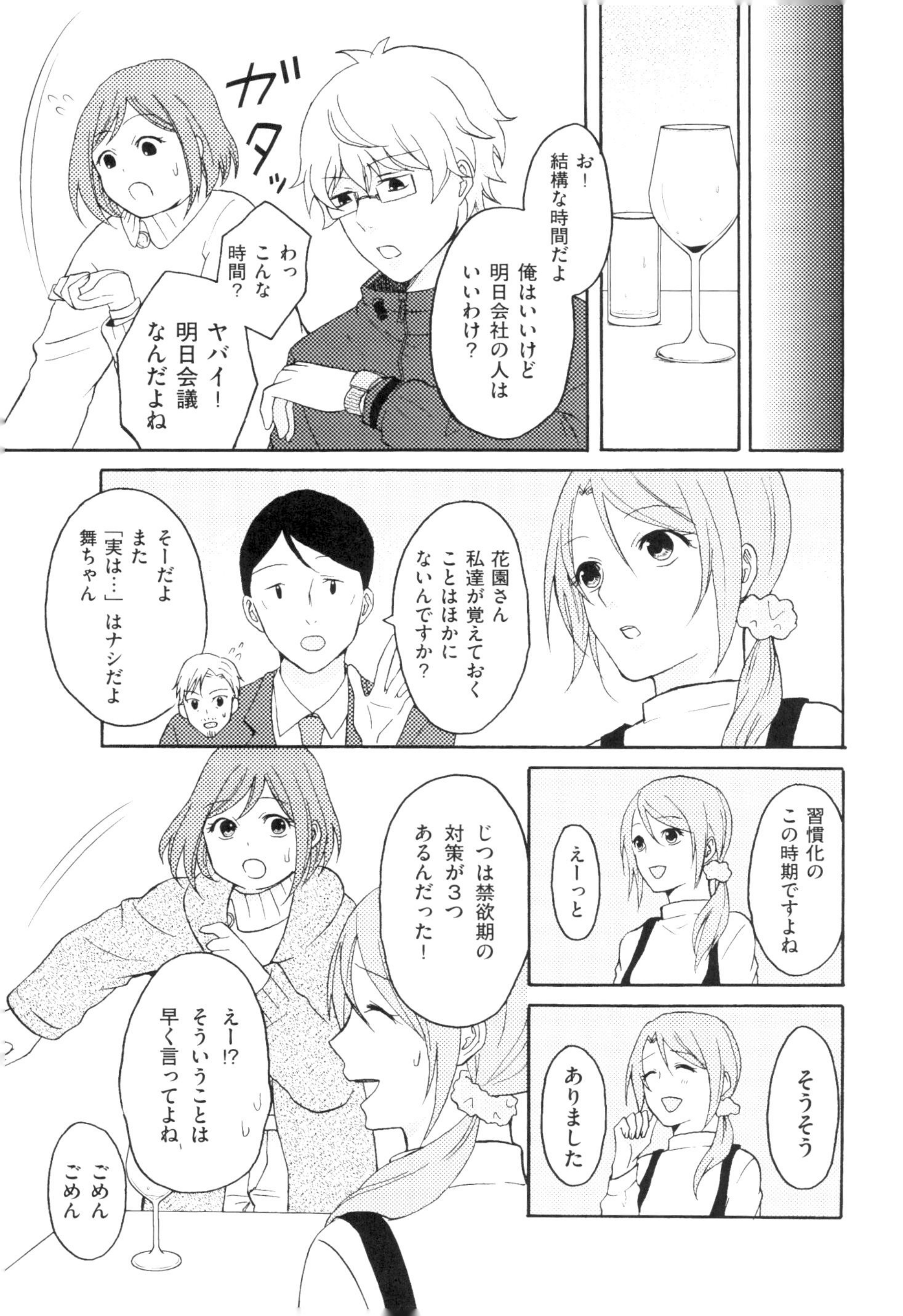

お！
結構な時間だよ
俺はいいけど明日会社の人はいいわけ？
ガタッ
わっこんな時間？
ヤバイ！明日会議なんだよね
花園さん私達が覚えておくことはほかにないんですか？
そーだよ また「実は…」はナシだよ舞ちゃん
習慣化のこの時期ですよね
えーっと
そうそう
ありました
じつは禁欲期の対策が3つあるんだった！
えー!? そういうことは早く言ってよね、
ごめんごめん

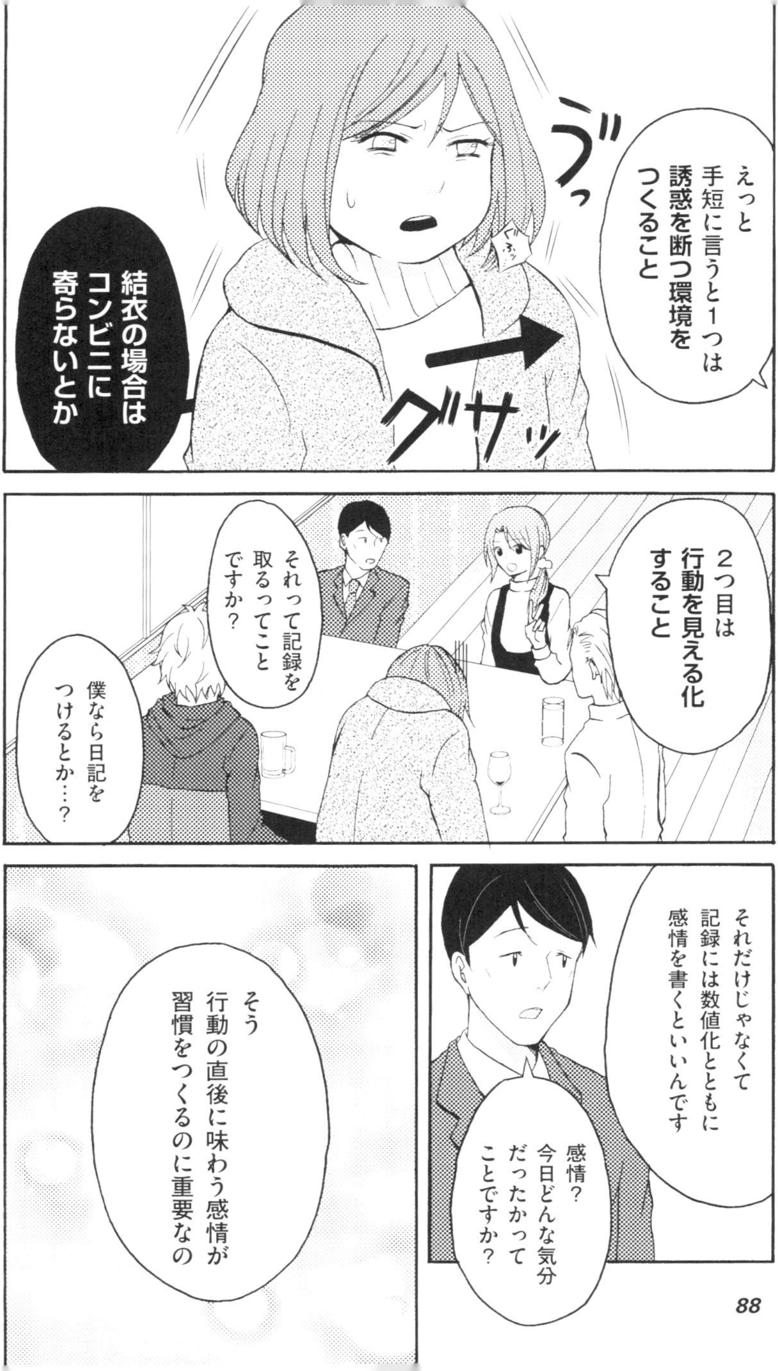
えっと
手短に言うと1つは
誘惑を断つ環境を
つくること
ヴッ
ぐふっ
グサッ
結衣の場合は
コンビニに
寄らないとか
2つ目は
行動を見える化
すること
それって記録を
取るってこと
ですか？
僕なら日記を
つけるとか…？
それだけじゃなくて
記録には数値化とともに
感情を書くといいんです
感情？
今日どんな気分
だったかって
ことですか？
そう
行動の直後に味わう感情が
習慣をつくるのに重要なの

悪い習慣を きちんとやめられていると 爽快な気持ちになって 自信がわいてくるし
やれていないときは 自己嫌悪で いっぱいになって 自分が 嫌になったりするでしょ
○月×日 今日は帰ってすぐ スマホの電源をOFFした。
○月△日 読書をした。休日なので 2冊読めた。
それを 1行でいいから書く 書くと感情を強く 味わえるから 明日のモチベーションにも なるのよ
滝田は 書くのは 得意そうだな
まぁ それが仕事 だからな
3つ目の対策は
投げやりに 上限をつくる
忙しいときでも 投げやりにならないで 毎日ちょっとでも やることが重要 なんだそうです
だから完璧に できないときも 最低限やることを 設定するんです

なるほど 時間通りに 起きられなかったら もういいやって二度寝 するんじゃなくって
ええ 20分でも30分でも 早起きするんです **ベビーステップ**でいいって 考えてください
投げやりになって しまいそうなときも 自分をコントロールしている 感覚が必要なんです
なるほどね！
うん
くるっ
なんだかやる気 わいてきた！

結衣さん
元気になって
きましたね
よかったな
店に入って
きたときは
どうなる
ことかと
思ったけどさ
ええ
このまま元気に
なるといいですよね
舞！
私 引き続き
頑張るね！

ポテト
食べたくても
本まで！
朝 豆腐、ごはん、サラダ、納豆
昼 サラダ、野菜スープ
夜 おからハンバーグ、ごはん
ダイエット帳
よーし
パタン
順調順調

4-1

悪い習慣をやめるにはやめる3原則を知ることが必要！

習慣化の3つの原則

習慣化に失敗する原因は3つあります。

①欲張ってあれこれやめようとすること
②すべてを一気によくしようとすること
③短期的な目標に夢中になりすぎること　です。

これらの失敗を招かないために、守るべき3つの原則を紹介しましょう。

原則1　一度に1つの習慣に取り組む

複数の習慣を一気にやめようとすると挫折の確率が高まります。一度に1つずつ、確実にやめてください。

「やめる」３原則とは？

やめる 原則１	やめる 原則２	やめる 原則３
一度に１つの習慣に取り組む	センターピンとボトルネックを明確にする	プロセスに集中する

原則2 センターピンとボトルネックを明確にする

習慣化にはキーとなる指標があります。これをセンターピンと呼びます。早起きのセンターピンは「寝る時間」です。起きる時間だけ早めても睡眠不足で挫折するからです。重要なセンターピンを明確にして習慣化すると、自動的に結果が出ます。

一方のボトルネックは「急な飲み会で遅くなり、早起きできない」など、センターピンに集中するときに問題となる障害です。誘惑に負けそうになる瞬間はいつか、要因は何かを考えておくことが大事です。

原則3 目標達成ではなくプロセスに集中する

「5キロ減！」と結果重視で頑張ると、目標達成後はモチベーションがなくなるのでリバウンドなどが起きます。習慣化は、「5キロやせるために1日1800キロカロリーの食事にする」など、行動を無意識化するプロセスです。

無意識化さえできれば、目標を達成するためのモチベーションは必要ありません。その結果、望んだ成果が得られるのです。

4-2

禁欲期（第1週〜第3週）を乗り越えるのが一番大変！

禁欲期（第1週〜第3週）を乗り越えよう

さて、骨太の理由とやめる3原則を知り、習慣化をスタートしました。しかし、禁欲期（第1週〜第3週）は、とにかく誘惑に負けそうになる時期です。方針は成功と挫折を繰り返す「山あり谷あり」を乗りきり、続けることです。一歩進んで二歩下がるのは当たり前と捉え、失敗しても引きずらず、3週間、習慣行動を続けます。

対策1 誘惑を絶つ環境をつくる

誘惑の要因を避ける努力＝誘惑を避ける環境づくりが有効です。結衣の場合なら友達との食事で高カロリーなお店に行かない。食べ放題やスイーツ店などは避けることです。

対策2 行動を見える化する

習慣行動は無意識に繰り返されるので、なかなかコントロールできません。しかし記録をして見える化すると管理しやすく、自己コントロールする意欲がわいてきます。

数値と共に感情も記録するとさらによいでしょう。たとえば「今日の体重は56キロ、摂取カロリーは2000キロカロリー、感情：昨日より食べる量をコントロールできている実感あり！」という具合です。

見える化のための記録項目例

やめたい習慣	記録項目
先延ばし	処理した仕事数、かかった時間
ネット・スマホ	使用時間
ムダ遣い	使用金額、貯金額
夜ふかし	寝た時間、その前に何をしたか
食べすぎ	カロリー、食べたもの
飲みすぎ	飲んだ量

数値と共に、そのときの感情も記録しよう

対策3 「投げやり」に上限をつくる

一度の挫折で心が折れ、「投げやり思考」に陥るケースが多いので、対策が必要です。

対策の立て方としては、①「投げやり思考」に陥るケースをまずは考えてください。

たとえば会社でイライラしたときなど「投げやり思考」に陥って挫折しそうなケースをいくつも想定します。

状況が想定できたら、②挫折時の対策を考えます。結衣なら「食べすぎたらデザートは我慢する」などです。「投げやり思考」に陥りそうなときでも、少しでも自分が定めたルールを守れたという、自己コントロール感を持てる対策を考えます。

4-3

禁欲期の挫折パターンを乗り越える「こころの体力」

目先の欲望に負けない、「こころの体力」とは？

「やめる」習慣を達成する土台として、目先の欲望・誘惑に負けず、自分の感情をコントロールしていく力が重要です。私はこの力を「こころの体力」と呼んでいます。

「こころの体力」は、身体的な体力と同じように「筋力」と「エネルギー」からできており、「こころの筋力」と「こころのエネルギー」を育てることで高めることができます。

自己コントロールに必要な「こころの体力」

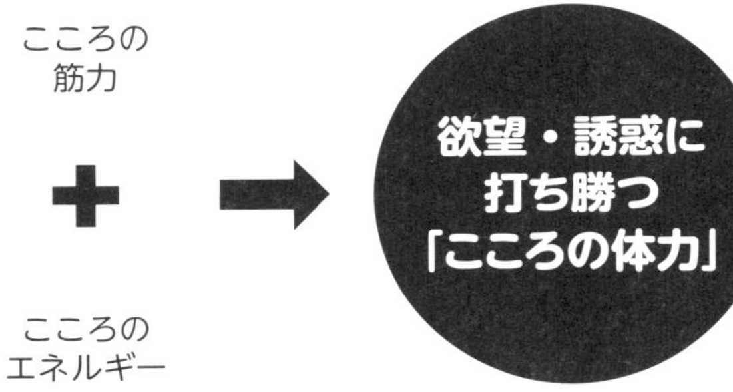

「こころの筋力」と「こころのエネルギー」を高めれば「こころの体力」が鍛えられる！

「こころの筋力」を鍛える方法

「こころの筋力」は欲望をコントロールできる自制心のことです。この「こころの筋力」を鍛えるために有効なのが「片づけ」「早起き」「運動」の習慣を身につけることです。「片づけ」「早起き」「運動」は自分を取り戻す習慣の３種の神器といえます。そのため、この習慣を身につければパワフルな自制心が鍛えられ、「こころの筋力」がついてきます。私がおすすめしているのは、朝５分の片づけを習慣づける方法です。

「こころのエネルギー」を高める方法

「こころのエネルギー」は、１日分の精神的なエネルギーのことです。身体と同様、筋力があってもエネルギーが枯渇していては誘惑に負けてしまいます。「こころのエネルギー」を高めるには睡眠をとり、リラックスし、過剰なストレスをなくすことです。

先延ばしグセをやめるチャンクダウンとベビーステップ

第４章では、滝田の先延ばし癖を「やめる」２つの方法を紹介しました。チャンクダウンとベビーステップです。それぞれについて、少しだけ補足しておきます。

チャンクダウンでタスクを切り分ける

私たちが先延ばしをするのは、物事を完了させるまでの道のりが長かったり、タスクが大きすぎてすぐに完了させられなかったりすると、脳が強いストレスを感じるからです。だからこそ小さく分けるチャンクダウンで脳へのストレスを減らし、「これならできそう」と感じることが重要なのです。

赤ちゃんの一歩からモチベーションがわき上がる

先延ばしにしているものに対して、脳は「面倒」「気が重い」と感じています。しかし、最初の一歩さえ踏み出せれば後はスムーズに進むので、5分だけ、1行だけなどハードルを下げ、とりあえず動き始めるのがベビーステップの狙いです。

第5章

必ず訪れる「無気力期」とは？
～こんなことして、何になるんだろう？～

ダイエット開始から4週目
4週間で
ワハハハ
マイナス3キロ…
うん
順調順調
…でも…
あー私
こんなことして
どうなるって
いうのかな
目標
ダイエットノート
パラ
毎日5キロ
走る…か
毎日5キロ走る!
痩せたからって
何が変わるって
わけでもないしさー
はあぁ
バタン
ピローン

あ 甘井さんからだ
ん？ なになに
しゅうかんともだち
秋島が参加しました
滝田友介が参加しました
グループ追加？ しゅうかんともだち？ なんだろう？
mai
パッ
結衣、元気？
最近忙しそうだね
そろそろテンションが
下がってるんじゃ
ないかと思って
このグループは、きっと
結衣の「やめる」習慣を
助けてくれる
はずだよ！
パッ
最近どーよ？
みんなで集まって近況を
報告しようよ
えー？ナポリはもう
飽きたよ
…………………
冗談！冗談だって
甘井さん…
滝田友介
いやー、ってか
なんか俺最近やる気
なくなっちゃってさ～
えっ 滝田さんも ……？
滝田さん
しっかりしてくださいよ！
真面目にやらなきゃ
仕事来なくなりますよ
秋島は？
うまくいってんの？
まぁ、
順調ですけど…
なんのためにやってるん
だろってときはありますよ
スマホ見るのやめたからって
彼女できるわけじゃない
ですしねー
あ それも 私と一緒！

みんな、そういう時期ってこと?
ピロン
甘井
だから１回集まって、舞ちゃんに
次のステップを教えてもらおうぜ！
舞ちゃんは明日暇なんだって
ナポリは明日は定休日だけど
特別に軽く１杯ごちそうするよ
そのあとどっかにメシに行こう
秋島
OK
滝田友介
おっけー
ってか結衣ちゃんは？
見てねーのかな？
あっ
ごめんなさい
明日 大丈夫です！ っと

カランン
ナポリ
遅れてごめんなさい
おっ
結衣ちゃんキレイになったたな
ほんとここ何週間か会わない間にキレイになったじゃない

3キロくらい痩せた?
人って3キロくらい痩せると見た目も変わるよな
すごーい滝田さん!
でもまだ顔だけです
皆さんもうまくいってそう表情が明るいですよ
俺も24時に寝て6時に起きるペースができてきたよ
今朝も軽くランニングして気分爽快さ
さぁまずは乾杯しよう
ナポリ特製カクテル〝アメリカーノ〟
イタリアのフレーバードワインチンザノをカンパリとソーダで割った食前酒《アペリティーヴォ》だよ

カンパーイ☆
俺もさ
毎日最低 1つは先延ばしを なくしてるよ
05:00
タイマーをかけて 毎日5分だけ チャンクダウンした 面倒な仕事に 手をつける習慣を つくったら 順調に来てたけど
でも、最近 だらけちゃってさ
滝田さん 実は私もなんです
なんでこんな 努力してるんだろう って
痩せたところで 何が変わるのって
ストップ！

結衣大丈夫
それは無気力期に当たり前の反応だから暗くならないで
無気力期？
無気力期も禁欲期みたいに何かあるのかい？
ご明察です
無気力期は最初のモチベーションや決意が弱まってきて
どうでもよくなってしまう時期なんです
なるほどだから習慣ともだちか
甘井さんわかるんですか？
どういうことですか？
だってみんな無気力期に入っても励ましあえてるじゃん
仲間がいると頑張れるっていうかさ
あーつまりモチベーションアップのための方法ってこと？
そうなんです

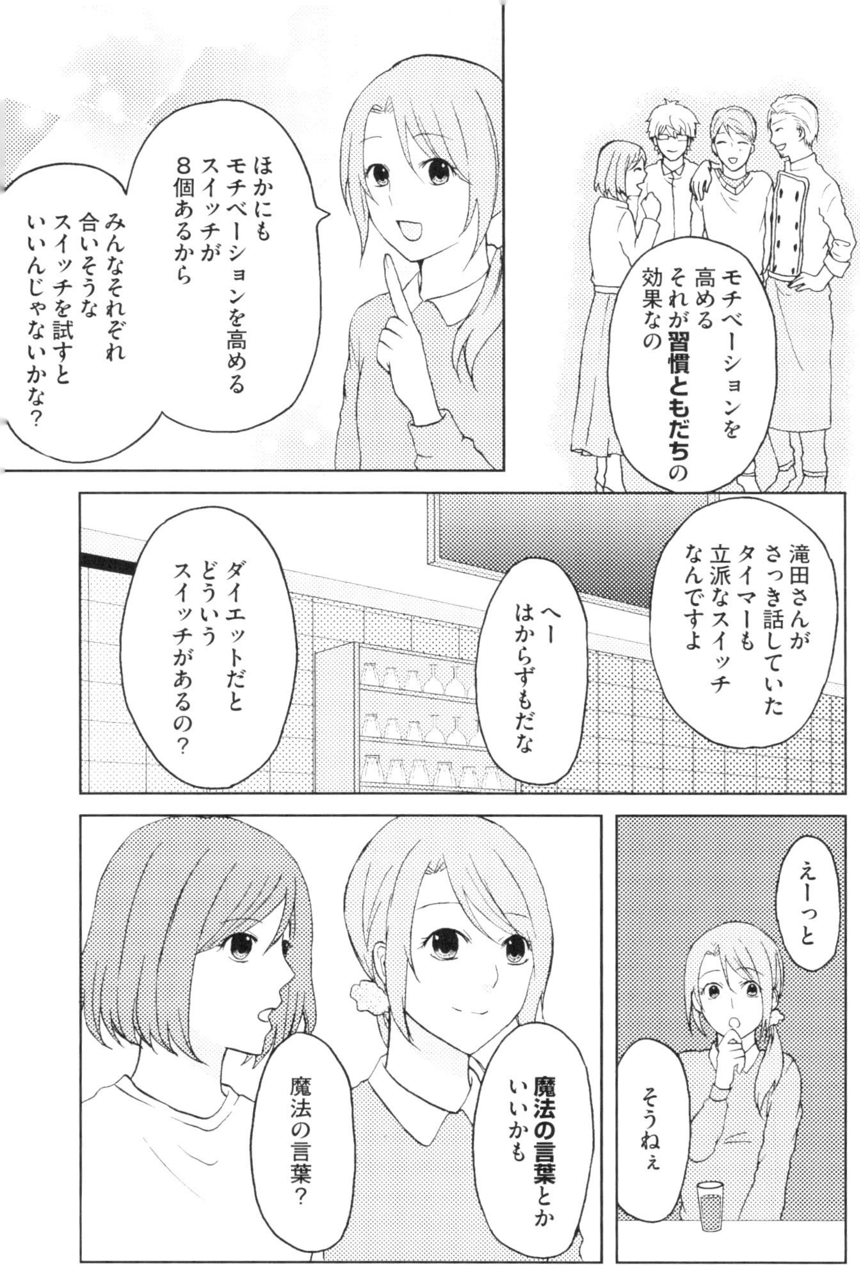
モチベーションを高めるそれが習慣ともだちの効果なの
ほかにもモチベーションを高めるスイッチが8個あるから
みんなそれぞれ合いそうなスイッチを試すといいんじゃないかな?
滝田さんがさっき話していたタイマーも立派なスイッチなんですよ
へーはからずもだな
ダイエットだとどういうスイッチがあるの?
えーっと
そうねぇ
魔法の言葉とかいいかも
魔法の言葉?

10キロ痩せて ミランダ・カー みたいなスタイル になる！とか
なるほど
あ、太る前に買って 1度も着てない ワンピースがあるんだ
10キロ痩せて あのワンピースを 着こなす とかは？
いいんじゃ ない？
俺はなんだろなー
このまま 夜ふかしを やめられたら
昼間にいろいろ できるから ナポリの経営計画を もっと緻密に立てて 店舗展開したいんだよな
2号店
Napoli
あ、それも **習慣ドリーム**という スイッチですよ
悪い習慣を やめたあとの夢を 思い描くんです
効果ありますよ
私はなんでしょう？
スマホ中毒なんて 自分1人で やることだし

そういうときは自分会議がオススメです
自分会議？
今日はスマホ見ませんでした
えらい！
毎日決まった時間に1分くらいで1日の行動を振り返って客観的に評価するんです
秋島さんなら寝る前とかいいかも？
なるほどー
そうやって決めたことを習慣ともだちに宣言するのもいいんですよ
人に言ったらやめにくいもんな
お互い頑張ってるか監視できるしな
よしじゃあ私は自分会議始めます！
続きは食べながらしよう
いい店があるんだ案内するよ

オステリア・トスカーナ？
結局イタリアン？
来週開店
なんだ
Toscana
えっ
ナポリの兄弟店
ってとこだな
弟も店を
出すことになってさ
えーーー!!!!
おめでとう
ございます！
兄として
ますます
頑張らなきゃ
ですね！
まぁね
あ
兄さん
いらっしゃい

こんにちは
結衣さん
ドキッ
弟の湊翔《みなと》だ
みんなよろしく
ガッ
兄さんから話は
伺ってます
兄の夜ふかし癖を
「やめる」習慣で
直してくださる
そうですね

え？湊翔さん
いま「やめる」習慣
って？
ああ
実は僕も
習慣化の実践を
してたんです
イタリアでの
修行時代に
ストレスによる
過食で20キロ近く
太ってしまって
それを
「やめる」習慣で
解決して
今年日本に
戻って
きたんです
湊翔はイタリアの
料理コンクールで
優勝してるんだ
確かに痩せてから
すごく変わったとは
思ったけど
この間話してたら
「やめる」習慣を
知っててさ
兄さんは悩みなんか
なさそうだから
習慣化のことは
特に話さなかったん
ですけどね

結衣さん兄から聞いてますダイエット大変ですよね
でも「やめる」習慣なら絶対成功します頑張ってくださいね
は、はいありがとうございます
それはさておきみんな座って座って
ナポリはピザとパスタがメインだけど
トスカーナは北イタリア料理がメインなんだ

トスカーナ名物の野菜の前菜ピンツィモーニオ
イタリア版Tボーンステーキ ビステッカ・アッラ・フィオレンティーナ
日本でもおなじみのトリッパの煮込み《トリッパ・アッラ・トスカーナ》トスカーナパンと一緒に食べてもおいしいですよ
あっ
このパン素朴な感じでおいしい！
たくさん焼いたのでおかわりしてくださいね
みなさんに感想をいただいて店のオープンに備えて調整します
はい

あ
なんだよー
俺たち実験台か
人聞きが悪いぞ
プレオープンだ
いただきまーす
じゃあみんな
食べながら続きを
話していい？
ああ
モチベーションを高める
のほかには何があるんだ？
あと2つあって
必勝パターンと
例外ルールを
決めることなの
ほう…
具体的には
どういうことを
すればいいんだ？
必勝パターンを決めるは
その名の通り、うまくいく
パターンを決めることなの
ここまでで
みんな自分の
パターンがわかって
きてるはずよ
ダイエット
記録
記録を振り返れば
うまくいった日は同じ
パターンがあるはず
それが
必勝パターンなの

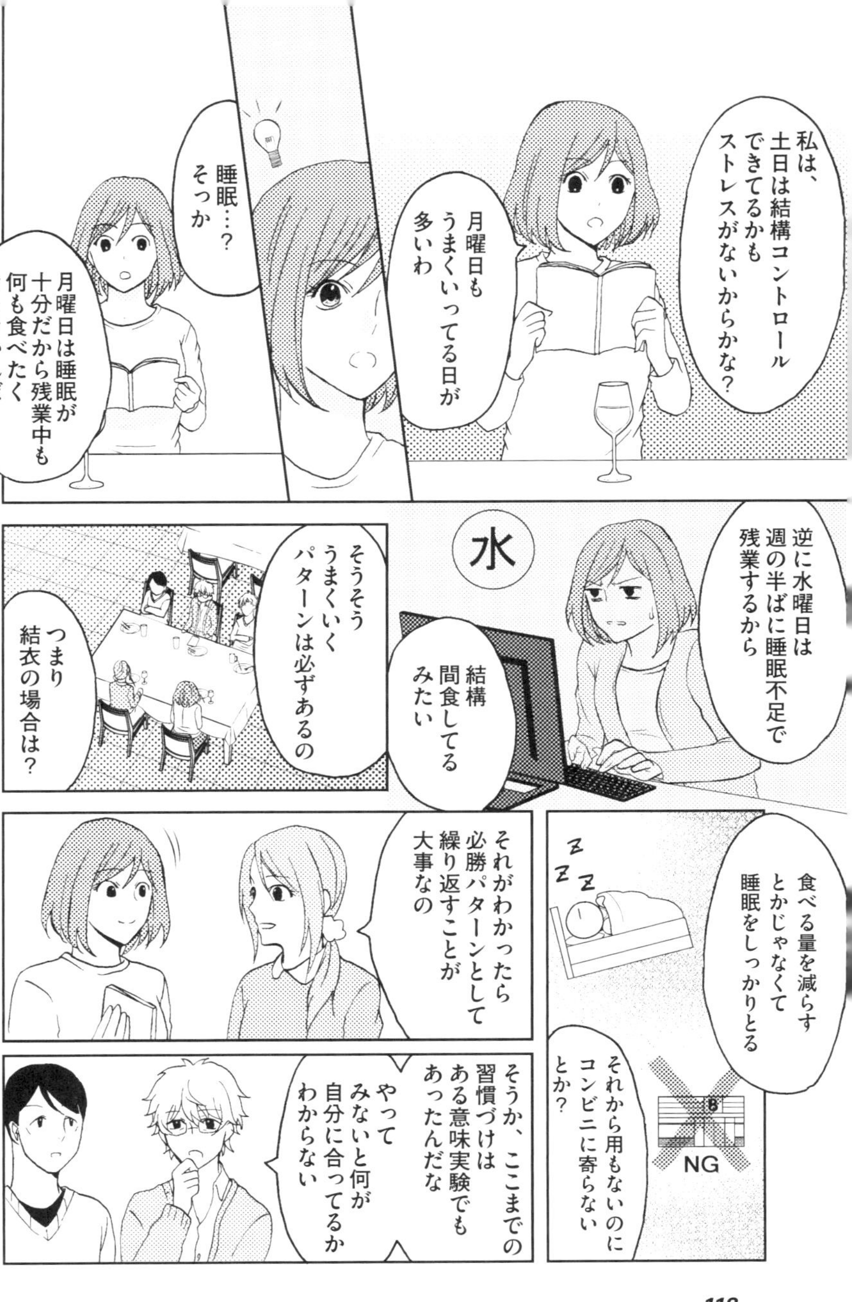
私は、土日は結構コントロールできてるかもストレスがないからかな？
月曜日もうまくいってる日が多いわ
睡眠…？そっか
月曜日は睡眠が十分だから残業中も何も食べたくならないんだ
逆に水曜日は週の半ばに睡眠不足で残業するから
水
結構間食してるみたい
そうそううまくいくパターンは必ずあるの
つまり結衣の場合は？
食べる量を減らすとかじゃなくて睡眠をしっかりとる
Z Z Z
それから用もないのにコンビニに寄らないとか？
NG
それがわかったら必勝パターンとして繰り返すことが大事なの
そうか、ここまでの習慣づけはある意味実験でもあったんだな
やってみないと自分に合ってるか何がわからない

私の場合は
帰宅後
テレビをつけた日は
スマホを見ましたが
風呂に入った日は
小説や名作洋画に
没頭できてます
「家に帰ったら
まず風呂」が私の
必勝パターンなの
ですね
俺は…朝一番に
事務作業をしたときは
うまくいってるけど
朝イチに
メールチェックをすると
1日中バタバタして
うまくいかないんだよね
そうか面倒なことは
とにかく朝イチで
片づけることが
大事なのか
人それぞれ
うまくいくパターンが
違うから行動を
視覚化することが
大切なんだな
ええ、まさに
そうなんです
でも、どうしても寝不足に
なっちゃうときあるし
残業中は
忙しいから
どうしてもコンビニ
行っちゃうし
だから
もうひとつの対策
例外ルールをつくる
ことが
大事になるの

必勝パターンが決まってもその通りいかないことってあるでしょ？
俺も家に帰ってすぐにストレッチした日は早く寝られるけど
店のクローズが長引いたらどんどん遅れるし
そんなときのための例外なんです
お店のクローズが遅れたときは3時までに寝て10時までには起きるとか
例外ルールを決めておけば習慣が守れなくてもモチベーションが下がらないでしょう？
ね？ 舞さん
ええ そうなんです

結衣の場合は
残業ってわかってる日や
飲み会のある日は
お昼を軽くするとか
1日プラス
500キロ
カロリーまでは
許容範囲に
するとか
なるほど
で、でも
例外に流され
そうな気が
するけど…
そんなときは
骨太の理由に
立ち返るといいの
もっと
素敵な
自分になる
だから**骨太の理由**は
身近な目に見える
ところに
貼ったりするのが
大切よ
そっか
骨太の理由
私もあとで
手帳に痩せてたときの
写真貼っておこうっと

5週目〜
7週目
ピロン
秋島
帰ってすぐお風呂も飽きてきちゃいました…
パッ
甘井
いい入浴剤あるからあげるよ！だからガンバレ！
滝田友介
風呂飽きるってなんだよ(笑)
パッ
私もリラックス効果のある入浴剤あげますよ～！
かたじけない
パッ
秋島
がんばります!!
みんなで最後までやりきりましょうっと！
領収書整理
取材の書き起こし

5-1

無気力期を乗り越えれば「やめる」が加速する！

必ずやってくる無気力期（第４週〜第７週）の乗り越え方

無気力期（第４週〜第７週）は、「やめたい！」という禁欲期の初動エネルギーがなくなり、モチベーションに波が出てきます。そのためモチベーションを再度高め、最も自分に合う習慣化が成功する行動パターンをつくりあげることが大切です。

対策１　必勝パターンを決める

禁欲期にうまくいった日とうまくいかなかった日があったと思います。そこで、３週間の記録を振り返り、どうすればうまく続きそうか、必勝パターンを見出しましょう。

対策２　例外ルールでゆとりを持つ

必勝パターンを決めても、仕事の都合などで守れない日もあります。そのときに総崩れにならないように、例外ルールをつくって柔軟性を確保しましょう。「食べすぎたら翌日の食事量を調整してバランスを取る」などが例外ルールに当たります。

対策3 モチベーションを高める

8つのスイッチを設定し、モチベーションを保つための工夫をします。

「やめられない」をなくす8つのスイッチ

8つのスイッチとはモチベーションを維持する8種類の視点です。1つずつ紹介します。

スイッチ1 魔法の言葉

モチベーションがあがる魔法の言葉を自分に投げかける

スイッチ2 習慣ドリーム

悪い習慣をやめたあとの夢を描く

スイッチ3 徹底ルーチン

行動メニューを具体的に決め、機械的にこなす

スイッチ4　タイマー効果

タイマーを使って制限時間内に最大限集中する

スイッチ5　ご褒美と罰

ご褒美と罰を用意し、快感・危機感を上手にあおる

スイッチ6　自分会議

毎日、行動を振り返る時間を取ることで、成果・成長を確認する

スイッチ7　習慣ともだち

同じやめたい習慣を持つ仲間と切磋琢磨し、励ましあう

スイッチ8　みんなに宣言

周囲の人に宣言することで自分を追いこむ

モチベーションを高める８つのスイッチ

1．魔法の言葉

モチベーションがあがる
魔法の言葉を
自分に投げかける

例）「10キロ痩せて女子力10倍アップ！」と朝から10回唱える。

2．習慣ドリーム

悪い習慣を
やめたあとの
夢を描く

例）ダイエットに成功して、理想の彼氏と結ばれて幸せな結婚生活を送る。

3．徹底ルーチン

行動メニューを
具体的に決め、
機械的にこなす

例）食事は、朝は五色米おにぎり、夜はサラダと魚料理、昼はフリー！と決める。

4．タイマー効果

タイマーを使って
制限時間内に
最大限集中する

例）食事はゆっくり食べると決めて、タイマーを40分に設定し、ペースダウンする。

5．ご褒美と罰

ご褒美と罰を用意し、
快感・危機感を
上手にあおる

例）３カ月間食べすぎをやめられたら、新しいゴルフセットを買う。

6．自分会議

毎日、行動を振り返る時間を
取ることで、
成果・成長を確認する

例）体重の推移と食事量を振り返り、結果ではなくプロセスにおける成長を感じる。

7．習慣ともだち

同じやめたい習慣を持つ
仲間と切磋琢磨し、
励ましあう

例）結衣の例でいえば、ナポリの常連たちのような仲間をつくる。

8．みんなに宣言

周囲の人に
宣言することで
自分を追いこむ

例）５カ月で10キロ痩せるとフェイスブックで宣言をする。

８つのスイッチを効果的に使えばモチベーションが復活する！

第6章

ゴールまで、あと1歩

～油断しないで自分に厳しく！～

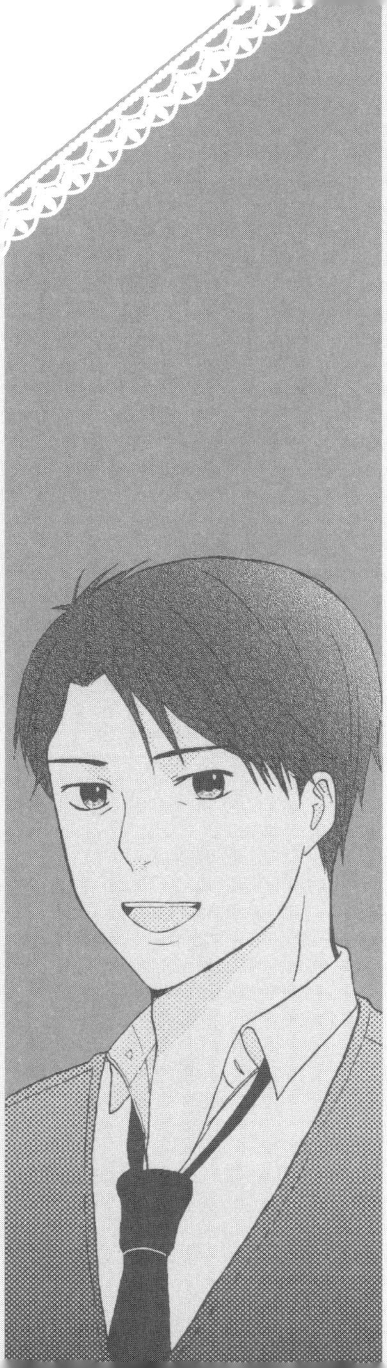

8週目～10週目
ダイエットを始めて2カ月で6キロ減
順調！順調！
diet
60 59 58 57 56 55 54 53
2 3 4 5 6 7 8
ピロン
あっ舞からだ
mai
みんな、いまは安定期よ。安定期は順調に進んでいるようで、まだ習慣化は完了してないの。この時期は気を緩めずさらに実行率を高めていくことが大事なんですって
ふむふむ安定期ね
安定期の対策は2つ 1つ目は**行動を振り返る**こと。うまく行ってる日とダメな日をもう一度見返して、対策を考えて。不安定期に決めた必勝パターンが完全とは言いきれないから、必要に応じて修正してOKよ
ゴロン

ピロン
あっ 秋島さんだ
秋島
私は「自分会議」だけだと
どうしても自分に甘くなっちゃうんで
「ご褒美と罰」のスイッチを作ろうかと^^
1週間のうち、ムダにスマホを見る時間が
2時間以内だったら
ほしかった腕時計を買います！
mai
それはよさそうですね
Fight!!
2つ目は**実行率を高める**こと！ 80〜90%の成功率まで高めていきましょう。 1つのことだけ習慣化するルールは守ってね。 2つ3つと習慣化する数を増やすのではなく、 1つの「やめる」習慣を徹底するの
了解！ 私は飲み会を減らして 友達とのディナーも 和食にして ヘルシーにしようかな
…っと

俺は閉店後の作業が終わらないときは持ち帰らないで翌朝片づけるようにする
5minutes
15minutes
俺は朝イチか昼メシ前に５分とってた事務作業の片づけを15分に伸ばすよ
Power Off
私は帰ったらスマホの電源を切ります！
みなさんその調子ですよ！
私も頑張ろう

11週目
トスカーナ
オープン初日
Toscana
舞ちゃん！
ごめんなさい
遅れちゃって
オープンおめでとう
ございます
ありがとう
もうみんな始めてるよ
入って入って
あー
久しぶりの
ごちそう
おいしそー！
これ何かな？
そちらは
カッポン・マーグロ
です

魚介類と野菜のサラダに
リグーリア州伝統のハーブを使ったソース サルサ・ヴェルデを添えたものです
そうなんですね
舞さん こんばんは
こんばんは
あっ

このパスタもリグーリア州の名物料理でトロフィエ・アル・ペーストといいます
短い手打ちパスタのトロフィエとじゃがいもやいんげんをジェノベーゼペーストであえたものです
緑色がキレイなパスタですね
リグーリア州は北部ですが気候が温暖で南イタリアのような陽気さがレシピにも表れているんです
今日も楽しんでいってくださいね
は、はい……

結衣ったら顔赤いよ？
湊翔さんが好みなの？
えっ⁉ ちっ ちがうってば
カァァ
そうなの？
で 調子はどう？
うん 最近食べるものがワンパターン化してきて
そろそろごちそう食べたいって思ってたとこ
サラダ生活に飽きてきちゃった
俺もだよ
ストレッチしてすぐ寝ようと思うんだけどもの足りなくて……
刺激を求めてテレビを見たり…よくないパターンになりがちだな

俺はそろそろ先延ばしもなくなってきた気もするし次なる挑戦をしたい気分かも
いよいよ酒を減らすとか
スマホを見ないのはなんとなくできてますが映画や本ばっかりだとさすがに飽きてきました……
みんな最後の倦怠期に差し掛かってるんですね
倦怠期？
倦怠期は習慣行動にマンネリ化の色が出てしまう時期なんです
最後の難関といったところでしょうか？
だから2つの対策があるんです。1つ目の対策は**刺激・変化を取り入れる**こと
いままでとは違うことをして変化をつけるの

って言われてもー
私は一体どういうことをすればいいの?
結衣の場合はダイエット中で〝サラダに飽きてきた〟んでしょ?
だったらレシピに変化を持たせるといいかも
Change!
ふむふむ
そういう話なら僕にまかせてよ結衣ちゃん
自炊すると気分が変わるよ
500キロカロリーでお腹いっぱいになるレシピをたくさん送ってあげるね
そっか 食べるものを変えればいいんだよね
ありがとうございまーす
ごちそうを食べたいと思ってたけど
飽きてきてたのかも違うもの食べたかっただけなんだね
兄さんは帰って寝るまでのパターンを増やすといいんじゃない?

ストレッチして
寝るだけじゃなくて
カンパーイ!
日によって
ウォーキングしながら
帰るとか
友達とお酒を
飲みにいくとかさ
寝るまでの
生活パターンを
増やすといいよ
そっか
確かに
最近早く
寝ることばかりで
酒が足りなかったかもな
えーっ？
甘井さんが
酒飲まないって
我慢しすぎでしょ
そうだな
寝るまでの時間を
楽しむことに
するよ
でも飲みすぎは
だめですよー
そうそう
そんな感じです
変化と刺激をつけて
ワンパターンを
避けてみましょう?

もう1つの対策はなんですかっ？
2つ目は次の習慣を計画するです
いまの習慣を終えたら次どうするかを考えるってこと
あれ？一度に1つしか習慣化しちゃいけないんじゃなかったっけ？
ええ
ですからいまは計画するだけでもゴールの先を見るといまの倦怠期にも張り合いが出てくるでしょ？
1つ目
1カ月～3カ月
2つ目
4カ月～6カ月
3つ目
7カ月～9カ月
4つ目
10カ月～12カ月
身体習慣なら3カ月に1つですから1年で4つの悪い習慣をやめられます

じゃあ俺は
やっぱり禁酒とか禁煙とか
そっち方面の習慣を計画してみよーかな
私は帰ってからのパターンを増やして
ストレッチでも始めてみようかな
それからスマホの次は僕も焼酎の量を減らしたいですね
うーんと
じゃあ私食べすぎをやめられたら
今度はムダ遣いをやめたいな

コンビニ通いが減っている時点でムダ遣いも減っているとは思うけど
そうやって悪い習慣を1個ずつ洗い出していくのは大切だよね
悪い習慣はいくつも重なっている場合が多いからね
うん 私もっと素敵な大人の女性になるように頑張る
最近の結衣を見てると元気が出てくるよ
よし 私も頑張ろっと
なんだか毎日楽しい
今回はうまく行きそうな気がする！

BEER!
Pi Pi Pi
「やめる」習慣を始めて3カ月

ドキドキ
パッ
50.0
あっ
やった!
8キロ減!
元に戻った!!
結衣
あんた
痩せたわね
どうしたの?
お母さんにも
教えてよ
うん
長くなるから
また今度ね

6-1

まだまだ油断は禁物！　安定期（第8週～第10週）と、最後の難関「倦怠期」（第11週～第13週）の過ごし方

安定期（第8週～第10週）は「徹底的にやめきる」ことが目標！

安定期にありがちな失敗は、「もう成功した」と気を抜くことです。実際には道半ばで、脳は新しい習慣を、まだ「いつもどおり」とは認めていません。安定期は習慣化に対する視点を高く持って、自分に厳しく行動の結果を求めてください。

方針　実行率を高める

いま取り組んでいる習慣が安定して実行できるようになってきたため、ほかの習慣にもチャレンジしたくなりますが、「習慣化は一度に1つ」の原則を守ってください。

いまの悪い習慣をやめることに注力し、やりきるマインドを持ちましょう。安定期に目指すべきは、目標を守れない日を極力なくし、習慣行動の実行率を飛躍的に高めることです。自分になるべく例外を許さず、行動の結果を追求しましょう。

対策1 行動を振り返る

5つの質問を使って、これまでの7週間で記録した内容をしっかり振り返ります。

行動を振り返る5つの質問

① 「やめる」習慣は、7週間で何％実現できていますか？

② 禁欲期、無気力期のそれぞれの成功率は何％ですか？

③ うまくいっているときの要因はなんですか？

④ 挫折している日の要因はなんですか？

⑤ それをふまえて、今後どういう工夫をしていきますか？

対策2 徹底的にやめきる

「やめる」習慣行動の実行率を100％に近づけます。

禁欲期のように、時に挫折を許すのではなく徹底して減らし、完璧にこだわります。自分に対する言い訳も潰すことです。

倦怠期（第11週～第13週）はマンネリ打破がポイント

倦怠期は、最後の難関「マンネリ化」との戦いです。

行動にマンネリを感じ始めると、投げ出したくなります。人間には安定したい気持ちと変化や刺激を求める気持ちの両方が存在するからです。ここでは習慣行動にマンネリ化が起きたときの対策をご紹介します。

方針　変化をつける

マンネリ化対策として変化と刺激を意識的にセットしていきましょう。

対策1　刺激を取り入れる

①内容を新しくする……食べすぎ対策なら新しい食事メニューを取り入れるなど、内容に変化をつけてみましょう。やめたい習慣は変えず、内容にバリエーションをつけます。

「やめる」習慣化プランシート

	禁欲期	無気力期
期間	1日目〜7日目	8日目〜21日目
症状	とにかくつらい	どうでもよくなる
対処	山あり谷ありを乗りきる	成功パターンをつくる
方法	①誘惑を絶つ環境をつくる ②行動を見える化する ③投げやりに上限をつくる	①必勝パターンを決める ②例外ルールをつくる ③モチベーションを高める
骨太の理由	1．危機感　2．快感　3．期待感	
原則	原則1．一度に1つの習慣に取り組む 原則2．センターピンとボトルネックを明確にする 原則3．目標達成ではなくプロセスに集中する	

プランシートは「習慣化コンサルティング」のホームページから入手できます
(URL：http://www.syuukanka.com)

②スイッチング行動を新しくする……スイッチング行動を増やしてみてください。タバコのスイッチング行動としてコーヒーを飲んでいたのに加え、ガムを噛んでみるなどです。

対策2 次の習慣を計画する

次に行なう新たな習慣を計画しましょう。ゴールの先を見据えると、いまの習慣化が通過点になり、新たな気持ちで取り組めます。

プランシートがあると計画が立てやすい！

習慣化プランシートがここまでお伝えしてきたメソッドを集約したものになります。プランシートを見えるところに貼っておけば、各時期にリマインドできる効果もあります。

第7章

決別と始まり

~あなたの人生は、どんどんよくなる!~

中垣さん！
来週合コン行かない？
ごめんなさい
いま、結構仕事が
忙しくて…
また今度！
中垣さーん
ちょっとお願い
できるかなー

はーい！
すみません
それじゃ！
最近の中垣さん
きれいだよな
でも元々あんな
感じで営業部の
マドンナだったじゃん
ここんとこ
アレだったけど…
だよね
でも前より
はちきれそうな
エネルギーがあって
魅力的だよね
何よ…
ギリッ
中垣さん最近
ミスがなくなって
課長からも仕事を
任されるように
なったみたいね
年度末の決算の
仕事も任せるって
課長が飲み会で
言ってたよ
すごいよね～
だから
何？
少し痩せたからって
手のひら返したように
デレデレして何なの？
ほんっとうに
男は見た目しか
見てないんだから…‼
ブツ
ブツ
っていうか
足とかまだ
太いじゃ…
ビク
ちょっと
市川さん！

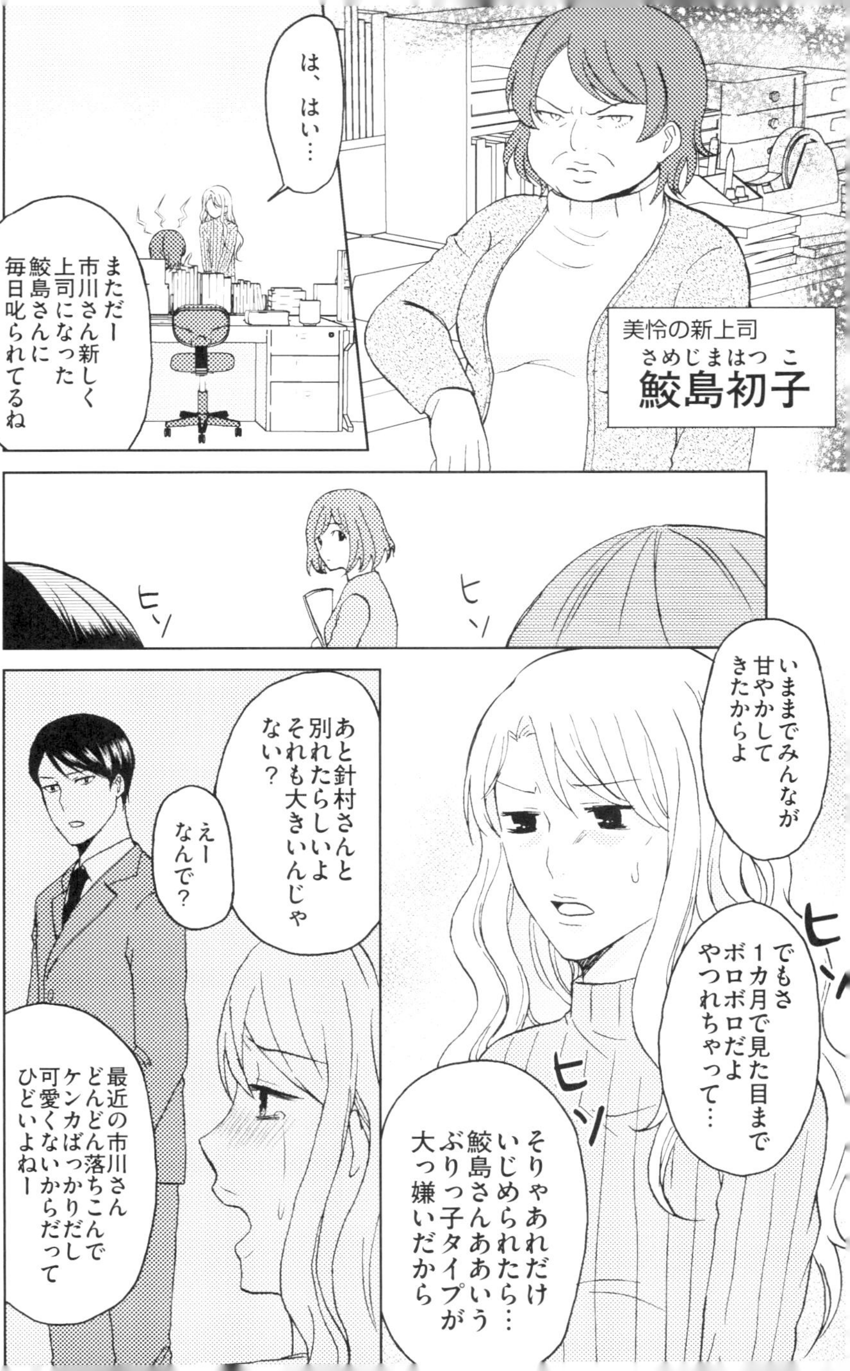
美怜の新上司
鮫島初子《さめじまはつこ》
は、はい…
まただー 市川さん新しく上司になった鮫島さんに毎日叱られてるね
ヒソ
ヒソ
いままでみんなが甘やかしてきたからよ
でもさ 1カ月で見た目までボロボロだよ やつれちゃって…
ヒソ
ヒソ
そりゃあれだけいじめられたら… 鮫島さんああいうぶりっ子タイプが大っ嫌いだから
あと針村さんと別れたらしいよ それも大きいんじゃない？
えー なんで？
最近の市川さん どんどん落ちこんで ケンカばっかりだし 可愛くないからだって ひどいよねー

そこ支えて
あげなきゃね
なのに逃げ出し
ちゃったんだ
よっ
結衣ちゃん
調子はどう？
8キロ痩せると
やっぱり体が
軽くていい感じです
…っと
甘井
来週の火曜日ってひま？
イタリアワインの試飲会
するから来てよ
そうそう。結衣ちゃんのこと
かわいいって
言ってるやつがいてさ
よかったら紹介させてよ
ええー？

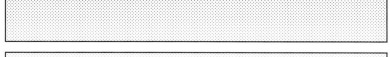

甘井さん ありがとう でも私… 当分、恋はいいかな
琢磨のとき みたいな思いは もうこりごり だもん
ピロ〜ン
そっか
ま、とにかく試飲会は来てよ
きれいになった結衣ちゃんの
近況を聞きたいな^^
もちろん、伺います！
久しぶりにナポリのマルゲリータ
食べたくなっちゃったし
とりあえず来週の火曜日に
おじゃましますね！
甘井
じゃあ来週！
Fight!
ゴン ゴン
よーし 午後も 頑張るぞ！

課長
中垣さん この前の経営会議の資料ありがとう
わかりやすいって社長にも好評だったよ
お役に立ててよかったです
ミ
あ 中垣さん
ここだけの話にしてほしいんだけど
来年から主任に昇進してもらおうと思っている
え？ 私がですか？
部長と話してそう考えたんだ
引き受けてくれるね？
はっ はい！ もちろんです！
よしじゃあ これからはもっと忙しくなるけど頑張ってね！
はい！ 頑張ります！
ありがとうございます！

あんた！なんてことしてくれたのよ！
！
ぐすっ
うぅっ…
すみません…
鮫島主任どうしたんだ？
市川さんが社内全体に来年の経営計画の資料を誤送信したんです
なんだって？うーん　それはちょっとマズいなぁ
課長 杉本常務からお電話です
早速きたた…とりあえず僕が対応するから
常務 申し訳ございません

スッ
役員から早速呼び出しだ
しかし市川さん…新人並みのケアレスミスだね
ザワ ザワ
鮫島主任 市川さんにはしばらく待機してもらってて
ダッ
市川さん!?
休憩室
ぐすっ…
ぐすっ…
ぐすっ…

疲れていたのね
最近残業ばっかりだったでしょ？
ちょっと心配してたんだ
え…先輩どうして…？
鮫島さんって厳しすぎるからね…
市川さんも余裕なくなってミスしちゃったんだよ
私もフォローするから今後頑張ろう
泣いてても何も解決しないよ
先輩 私全然いい後輩じゃなかったのに
ごめんなさい 針村さんのことも本当は…
そんなことはもういいよ
市川さんは悪い習慣の悪循環になってるんじゃない？
習慣を直して
いまの状況をよくしていこう
習…慣？

そうよ悪循環のサイクルを止めるには対症療法じゃなく
習慣を整えていくといいのよ
私みたいにね！
先輩…

スッ
結衣
ちょっと話があるんだ
カッ
カッ
カッ

なあ 俺とまた つきあって くれないか
やっぱり結衣が 必要だと わかったんだ
パシッ
私 琢磨のおかげで 新しい自分に 生まれ変われたの
だからフッてくれた 過去の琢磨には感謝してる
でも私の未来には もうあなたは必要ないの
なんだよ クリスマスのこと まだ根に持ってるのか?
本気じゃなかったんだ つい
ハァ…
市川さんとも 別れたん だってね
私のときと 同じ…

なんで自分の彼女が
大変なときに
助けてあげないの？
あなた 自分を
変えたほうが
いいわよ
コツ
コツ

火曜日
ナポリ
カラン
パーン
パン
結衣ちゃん
おめでとう！
主任昇進おめでとう―!!
えっ？
えぇーっ!?
今日ワインの
試飲会じゃ
なかったの？
「主任昇進！」
なんてLINE
くれるんだもん！
慌てて
サプライズの
準備しちゃった！
そんな
たいそうな…
でもありがとう！

結衣頑張ったもんね
しかもこんなに
きれいに
なっちゃって？
うん
見た目だけじゃなく
内面からいきいきしてて
美人オーラ出てるよ
やだなあ
みんな誉めすぎ
でも嬉しい
ありがとう
ございます！
さぁ座って
座って！
最近
会計士資格を
とるための勉強も
してるんでしょ？
うん
結婚して子どもを
持っても働きたいから
手に職つけたいし
仕事でいろんな
会社とつきあううちに
事業再生とかに
興味が出てきて
「やめる」習慣を
頑張った結果
やりたいことも
見つかったって
わけですね？
そうなんです

ここ5年ぐらい
ずっとやりたいことが
なんなのか
わからなくなって
いたんです
でも悪い習慣を
やめたら
やりたいことを
どんどん思いついて
確かに
最近の結衣ちゃんって
自分にはできない！と
押さえこんでいた
ブレーキが外れた
感じがするよ
そうかも
やってみよう、
やってみたいって
素直に思えるように
なったかもしれない
いい変化だね
俺も次は
ドルチェ専門の
スイーツショップを
出したいと思って
準備を始めてるんだ
夜ふかしを
やめたら時間が
たくさんできて
経営のことを
考えられるように
なったんだよね

すごい習慣ドリームの効果が出てますね
俺も先延ばしをやめたら仕事の効率が圧倒的に上がったよ
いままでは週に10本の原稿が限界だったけどいまは20本に増えたんだ
2倍⁉それじゃ滝田さん休めないんじゃ…？体は大丈夫ですか？
それが1時間あたりの生産性がすごく上がったんだよね
もちろんすごい緊張感でやっているけどメリハリがハッキリついているから
飯もゆっくり食べにこれる
はは…
前は仕事に追われてここでもパソコン開いて仕事してたもんなー

私はスマホをやめたあと焼酎を「やめる」習慣に取り組んだんです
そしたら読書の時間が増えたんですよ結構飲んでましたからね
だから小説だけじゃなくビジネス書も読むようになりました
それで実はTOEICの勉強を始めたんです
元々英語は好きだし
800点台を目指そうと思って
800点台！すごい！
僕の会社TOEIC780点以上だと海外事業部へ異動の希望が出せるんです
ずっと海外事業部で働きたいと思ってたんですがスマホ中毒だったころは勉強なんてできなくて
いつの間にかあきらめてたんですよね

そっか
秋島さんも
やりたいことが
見つかったんですね
ええ
「やめる」習慣の
おかげで
グッ
人生の主導権を
自分で握ることが
できたんです
みんな
いい感じ！
じゃあ
これからは
「続ける」習慣ね
「続ける」習慣？
「やめる」習慣の
友達みたいなもの？
？
？

そうそう
「やめる」習慣は悪い習慣をやめるためのものだけど
「続ける」習慣はいい習慣を定着させるためのものなの
私はこの「続ける」習慣で
パティシエールとしてフランスに行けることになったんだよ
ええっすごい！
結衣にも人生を変えて夢を実現してほしいな
ギュッ
今度は「続ける」習慣で！

そうだね「やめる」習慣で新しい自分に生まれ変わったんだもん
今度は「続ける」習慣で夢を実現しようっと！
カラン
こんばんは
よぉ
ドキッ
こんばんは
結衣さん

私も運動を始めようと思って
よかったら習慣ともだちになってくれませんか？
ドキドキ
は、はい…
あ！ トスカーナは火曜日定休日だっけ
さては甘井さんワインの試飲会とか言って
おかしいと思ったんだよなー
俺たちのほかに客いないし
ははは
まあまあいいじゃないの
結衣ちゃん兄の俺が言うのもなんだけどいいヤツだからさ
はい…

じゃあ
よかったら
「続ける」習慣
教えてください
ええ
喜んで

7-1

「やめる」ができたら「続けて」みよう

思考習慣をやめたければ、書籍『新しい自分に生まれ変わる「やめる」習慣』を

ここまでマンガと解説で、行動習慣と身体習慣の2つの習慣のやめ方をご説明してきました。

やめたい習慣にはもう1つ、思考習慣があったことを覚えているでしょうか？　これはイライラ、クヨクヨ、完璧主義など、思考の癖にまつわるものです。思考習慣をやめるには、ほかの2つとはやや異なったアプローチが必要なため、本書ではあえて触れませんでした。興味がある方は、書籍『新しい自分に生まれ変わる「やめる」習慣』に詳しく解説していますので、そちらを参考にしてみてください。

「やめる」習慣が身につけば、人生の主導権を取り戻せる

最後に「やめる」習慣が身につくことによるメリットを、改めてご説明します。悪い習

慣を「やめる」力が身につけば、生涯にわたって仕事もプライベートもコントロールできるようになります。習慣を変えることは、人生の主導権を取り戻すことでもあるからです。

脳は、必ず習慣をつくりたがります。

その習慣に振り回されるか上手にコントロールするかで、人生は大きく変わります。ご紹介してきた「やめる」習慣メソッドを活用し、悪い習慣を1つ手放すことから始めてみてください。

「やめる」に成功したら……？

「やめる」習慣は、悪い習慣のやめ方の手法でした。本書の姉妹編に、書籍『マンガでわかる「続ける」習慣』があります。これはよい習慣を続ける手法です。

悪い習慣を「やめる」と、新しい自分に生まれ変われます。よい習慣を「続ける」と、人生に好循環をもたらします。

悪い習慣の悪循環を断ち切ったら、今度は読書、資格の勉強、語学の勉強、片づけ、日記・ブログ、家計簿、運動などよい習慣を増やしていきましょう。「やめる」習慣がクリアできたら、ぜひ「続ける」習慣にもチャレンジしてみてください。

「やめる」習慣と「続ける」習慣

・悪い習慣を「やめる」と、悪循環がなくなる！

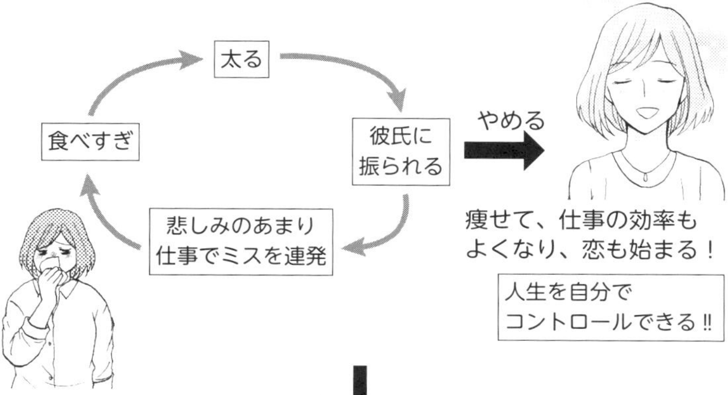

・よい習慣を「続ける」と、好循環が生まれる

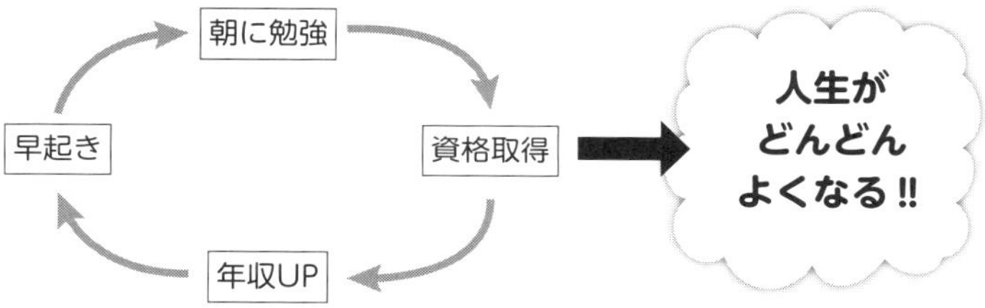

「やめる」＋「続ける」で人生を自分でコントロールできるようになり、
自分の望んだ通りになる！

おわりに

最後までお読みいただきありがとうございました。本書は、『新しい自分に生まれ変わる「やめる」習慣』（日本実業出版社）のエッセンスを、ヒロイン・結衣のストーリーに乗せてお届けしたものです。「やめる」習慣について、より詳しく知りたい方は原作もあわせてお読みいただければ幸いです。また、本書で紹介している習慣化プランシートは「習慣化コンサルティング」のホームページから入手できます（ＵＲＬ　http://www.syuukanka.com）。また、行動・身体・思考習慣をやめるための30日、３カ月フォローメールも無料で活用いただけます。実践のサポートツールとして活用してください。

最後に、日本実業出版社の皆さん、マンガをご担当いただいたみつくさん、株式会社フリーハンドの佐藤克利さんにこの場を借りてお礼申し上げます。

本書が新しい自分に生まれ変わるキッカケになることを祈っております。

２０１６年６月　習慣化コンサルタント　古川武士

古川武士（ふるかわ　たけし）
習慣化コンサルティング株式会社代表取締役。
関西大学卒業後、日立製作所などを経て2006年に独立。
３万人のビジネスパーソンの育成と500名の個人コンサルティングの現場から「習慣化」が最も重要なテーマと考え、日本で唯一の習慣化をテーマにしたコンサルティング会社を設立。オリジナルの習慣化理論・技術を元に、個人向け習慣化専門学校、講座、企業への行動変容・習慣化の指導を行っている。
主な著書に、『30日で人生を変える「続ける」習慣』『新しい自分に生まれ変わる「やめる」習慣』（以上、日本実業出版社）、『「早起き」の技術』（大和書房）などがあり、中国・韓国・台湾でも広く翻訳されている。

みつく
関西在住。広告、PR向けに漫画制作をしている漫画家。
ベネッセコーポレーションDM漫画、牛乳石鹸WEB漫画『ときめき★トライアングル』　など。
pixiv ID＝563636

マンガでわかる「やめる」習慣《しゅうかん》

2016年７月１日　初版発行

著　者　古川武士 ©T.Furukawa 2016
作　画　みつく ©Mitsuku 2016
発行者　吉田啓二

発行所　株式会社日本実業出版社　東京都文京区本郷３－２－12 〒113-0033
大阪市北区西天満６－８－１ 〒530-0047
編集部 ☎03-3814-5651
営業部 ☎03-3814-5161　振　替　00170－1－25349
http://www.njg.co.jp/

印刷／理想社　　製本／若林製本

この本の内容についてのお問合せは、書面かFAX（03－3818－2723）にてお願い致します。
落丁・乱丁本は、送料小社負担にて、お取り替え致します。

ISBN 978-4-534-05401-2 Printed in JAPAN